シリーズ・現代経済学⑫

長期不況克服への経済学

実体経済の成長と金融セクターの役割

相沢幸悦 著

ミネルヴァ書房

はじめに

二〇〇八年九月のリーマン・ショックで勃発した世界「恐慌」は、わずか半年あまりでとりあえず終息したようにみえた。それは、欧米諸国政府が経済・金融危機に対処すべく大規模な財政出動をおこなうとともに、欧米諸国の中央銀行が事実上のゼロ金利と大規模な流動性の供給をおこなったからである。

二〇一〇年五月には、ギリシャ危機に端を発した欧州債務危機が勃発し、ユーロ崩壊世界「恐慌」が懸念された。この危機は、欧州連合（EU）、欧州中央銀行（ECB）、国際通貨基金（IMF）などによる金融支援によってとりあえず小康状態をしめしていた。

だが、債務危機が深化していくと、ECBが一定の条件付きではあったが、ギリシャなどの重債務国の国債を無制限に購入すると宣言することで、とりあえず落ち着きを取り戻した。

リーマン・ショック以降、債務危機におちいったギリシャやスペインなどで失業率が二五％を超えてはいるものの、世界が長期不況にみまわれているとはいえないようにみえる。

アメリカでは、株価が一時は史上最高値を更新するとともに、失業率が低下してきている。それは、アメリカ議会のねじれ現象により、財政出動ができないなか、中央銀行である連邦準備制度理事会（FRB）が、事実上のゼロ金利政策と強力な量的緩和（QE）をおこなってきたからである。

ヨーロッパでは、債務危機に対処する歳出削減によって重債務国で一時は景気後退にみまわれたものの、ヨーロッパ全体の景気後退は「恐慌」といえるようなものではなかった。ヨーロッパでもドイツなどは、二〇一三年秋には株価が史上最高値をつけた。ただし、ユーロ圏（ユーロを導入した国）では、消費者物価上昇率がマイナスまで下落し、日本が経験したような本格的なデフレにおちいっている。

このようにみると、リーマン・ショック以降、世界で長きにわたり深刻な不況がつづいているということはできないかもしれない。

しかし、欧米諸国政府は、財政出動で金融危機の勃発をおさえ込んだものの、日本のように野放図な財政出動のできる国は皆無なので、景気後退を財政出動で押し止めることはできない。そこで、財政危機におそわれると中央銀行が前面に出てくることになった。

ところで、資本主義は、実体経済主導の経済成長から、金融セクター主導の経済成長に転化した。金融セクター主導の経済成長は、結局は資産バブルに帰結し、それが崩壊すると経済成長を主導する役割はもっぱら中央銀行にゆだねられることになった。

リーマン・ショック以降、欧米諸国は、財政出動によって財政危機におちいると、中央銀行マネー（中銀マネー）の大規模投入によって「恐慌」の勃発をかろうじて回避してきた。財政出動と中央銀行の全面出動により株高を演出し、「恐慌」の勃発をおさえている状況を本書では、二一世紀初頭大不況とよぶことにする。

この大不況の本質は、資本主義の大転換をせまっているところにある。

資本主義は、成立以来、資本が労働コストを徹底的に引き下げながらあくなき利潤追求をおこなうべく、実体経済の不断な成長を志向してきたが、その帰結として、地球環境が絶望的に破壊され、経済・賃金格差の拡大がすさまじいものとなった。このことが、大不況の最大の要因である。

したがって、資本主義に大転換をせまる二一世紀初頭大不況は、企業の利潤追求の徹底的な抑制と利潤の最大限の社会還元、経済・金融規制の強化を大前提として、地球環境の可能なかぎりの原状復帰、経済・賃金格差の縮小と福祉の充実などをわれわれに求めている。

本書は、イノベーションによる成長、成長促進セクターの移行、資本主義の構造転換という三つの観点から、資本主義の質的な構造転換について確認したうえで、実体経済の成長とイノベーションと金融セクターの肥大化を取り上げる。

実体経済の成長と金融セクターの役割について考察したうえで、資本主義の発展プロセスのなかで、実体経済の成長を主導する部門が実体経済から金融セクターに移行する必然性をあきらかにする。

実体経済の成長をダイナミックに促進する技術革新を、プロダクト・イノベーション（生産物の革新）、プロセス・イノベーション（生産工程の革新）、グリーン・イノベーション（地球環境保全のための技術革新）の三つの類型にわけて考察する。

金融セクターが主導する経済成長の行き着く先は資産バブルであるが、資産バブルが崩壊すると、実体経済に甚大な被害をあたえる。結局は、金融危機が経済危機と財政危機を招来せざるをえないことを解明する。

最後に二一世紀初頭大不況の概要をあきらかにする。資産バブルの崩壊によって世界金融危機が勃発し、それが経済危機をもたらし、両危機が財政危機に転化した。財政危機によって財政出動ができなくなると、中央銀行が全面出動するようになり、ついに中央銀行危機へと深化した。

中央銀行が全面出動することによって、資産バブルが頻発することになる。中銀マネーが間接的に各種資産に投入され、資産価格が高騰するからである。

中央銀行は、実体経済の景気の過熱をおさえることはできるが、実体経済の成長を主導することはできない。資産バブルが崩壊すると金融危機が勃発する。この繰り返しが、腐朽しつつある資本主義の現段階である。というのは、資産バブルの繰り返しは、そう何度もできないからである。

現状では、アメリカは、中央銀行の金融調節によって、資産バブルを「調整」し、景気をコントロールすることで、財政赤字の削減をすすめ、ヨーロッパは、歳出削減を優先して、デフレ下の経済的安定を志向しているようである。一〇〇〇兆円を超える政府債務残高をかかえても、こりずに財政出動をおこなっているのは日本だけで、インフレの高進が危惧される。本書の最後では、世界経済・金融危機対応における日米欧の三類型を考察することにする。

本書の出版にあたり、ミネルヴァ書房の杉田啓三社長と編集部の梶谷修氏には大変お世話になった。記して深く感謝の意を表する次第である。

二〇一五年三月

地球環境と人間のための経済をめざして

相沢幸悦

長期不況克服への経済学——実体経済の成長と金融セクターの役割

目次

第一部　実体経済の成長と金融肥大化

第二部　世界金融危機から中央銀行危機へ

序　章　資本主義のあらたな大転換期

1　大転換してきた資本主義

資本主義は、①イノベーションの進展、②成長主導セクターの移行、③資本主義の構造転換、という三つの重層的な構造が絡み合って「発展」してきたと考えられる。

(1)　イノベーションの転換

繊維機械などの軽工業によって産業革命が遂行された後に鉄道、一九世紀末大不況期に、電気、自動車、化学などによって重化学工業が発展し、一九二九年世界恐慌を契機にしてハイテク産業の段階に到達した。

第二次世界大戦後しばらくしてハイテク産業の段階に到達すると、金融「工学」で武装した金融資本が、金融革新というある種のイノベーションを推進し、ついには資産バブルをもたらした。

この資産バブルが崩壊すると世界金融危機にみまわれ、中央銀行が前面に出ざるをえなくなった。

（2）実体経済の成長をうながすセクターの移行

産業革命や重化学工業化という実体経済部面での経済成長は、資本家（あるいは企業者）が主導した。一九二九年世界恐慌は、国家が経済運営に全面的に介入することでしか、実体経済が成長しなくなってしまったことを最終的に知らしめる未曾有の恐慌であった。

経済学は、自由競争資本主義の理論的主柱であった古典派経済学からケインズ経済学に大転換した。国家の経済への介入の典型は、ひとつは戦争経済である。したがって、一九二九年世界恐慌は、第二次大戦への突入によってしか克服できなかった。

もうひとつは、国家が、通貨の価値を担保する金本位制を放棄することで、中央銀行が不況期でも金利を引き下げられるようになったこと、公共投資などによる景気刺激策をとることができるようになったことである。

大戦後は、冷戦という世界戦争が戦われた。戦争経済の継続である。冷戦下で、米ドルを金と「同格」の地位にすえるＩＭＦ（国際通貨基金）体制のもとで、「信用貨幣」ドルの世界的散布によって経済成長が可能となった。

ＩＭＦ体制が崩壊すると、外国為替相場制度では、それまでの固定相場制が放棄されて、変動相場制が導入されるとともに、実体経済の成長を促進するセクターも国家から金融セクターに移行するようになった。とくに、一九九一年にソ連邦が崩壊し、冷戦という世界「戦争」が終結すると、金融セクター主導で実体経済の成長がうながされた。株式や不動産や資源など資産価格が高騰する資産バブルがそれである。

資産バブルが形成されると資産効果によって、個人消費が拡大し、実体経済が成長した。資産バブルが崩壊すると、今度は、中央銀行がマネーを供給することによって、実体経済の成長がうながされるようになった。中央銀行バブルともいうべき現象である。

現代資本主義は、この資産バブルと中央銀行バブルの繰り返しによって、金融資本が高い収益を確保し、実体経済の成長をうながすことでしか成長できなくなってきている。まさに、資本主義の寄生性と腐朽性が極致にいたったということなのであろう。

(3) 資本主義の構造転換

繊維工業を中心とする成立期の資本主義では、自由競争が支配的であった。資本家は、より多くの利潤の獲得をめざして熾烈な競争を繰り広げた。

産業革命でおくれをとったドイツなどでは、一九世紀末大不況を契機に重化学工業を生産力基盤とする独占資本主義に転化した。独占資本主義では、資本家は、競争を制限することによって独占利潤を獲得することができた。

一九二九年世界恐慌は、資本家同士の競争によっては、もはや経済成長ができなくなったことをしめす、資本主義の画期となる恐慌であった。

この恐慌を契機にして、国家が経済に介入するケインズ政策に転換した。マルクス経済学では、国家独占資本主義に移行したという。一九七〇年代に不況とインフレが併存するスタグフレーションが発生すると、ケインズ政策が破綻した。

そこで登場したのが、国家の経済への不介入（市場メカニズムの徹底）を主張する新自由主義である。しかしながら、新自由主義は、国家が積極的かつ徹底的に経済に介入するものである。というのは、資本の利潤追求の邪魔になる諸規制をトコトン撤廃するというものだからである。しかも、税金は、大企業やがんばった金持ちからとるなと主張する。

この新自由主義による経済政策の帰結が資産バブルであり、その崩壊によって二一世紀初頭大不況が勃発した。

2　資本主義の重層的構造変化

（1）イノベーションの進展

資本主義は、一九世紀末大不況、一九二九年世界恐慌から第二次大戦の突入までの二〇世紀前半大不況という二度にわたる大不況をへて、非金融セクターたる実体経済の成長部門が繊維工業、重化学工業、ハイテク産業と大きく転換したと考えられる。

実体経済の成長部門の転換は、繊維機械、鉄道、電気機器、自動車、ハイテク産業など、それまで、地球上に存在しなかったモノがあらたに登場するプロダクト・イノベーション（生産物の抜本的な革新）によるものであった。このことについては、後にくわしく取り上げる。

それまでなかったような繊維機械が次々と登場して産業革命が進行したが、この経済段階の経済理念は、アダム・スミスが「国富論」で提示した自由競争であった。この自由競争資本主義は、一九世紀末大不況をへて重化学工業が経済成長を主導する独占資本主義に転換した。

それまで実体経済が成長を主導してきたが、この構造は、一九二九年世界恐慌と第二次大戦によっておおきく転換することになった。すなわち、第二次大戦こそ、繊維工業・重化学工業という「ニュートン力学」を基盤とする産業から、核などをはじめハイテクという「量子力学」に質的な転換をとげる契機となったのである。

こうして、実体経済の成長を主導するセクターがハイテク産業に転化していった。

この段階の経済理念は、国家が経済運営に全面的に介入することを特徴とするケインズ経済学であった。というのは、それまでのように企業者（資本家）による自立的なイノベーションでは、とうていハイテク産業が成立しえなかったと考えられるからである。

国家の経済への介入の究極の形態こそ世界戦争という戦争経済体制であり、それをささえたのがＩＭＦ体制であった。

第二次大戦でその萌芽が形成され、米ソ冷戦という戦後に継続された世界戦争によって、ハイテク産業が飛躍的に発展した。戦後の経済成長は、ＩＭＦ体制を基盤として、冷戦対抗・最先端の軍事技術開発によるハイテク・イノベーションによって推進された。

しかし、一九七一年のＩＭＦ体制の崩壊とオイル・ショックによって、ケインズ政策がついに破綻した。

ケインズ政策にかわって登場したのがミルトン・フリードマンの提唱する新自由主義である。競争原理を極限にまで徹底させる新自由主義は、アダム・スミスへの事実上の回帰である。経済学がいかに斬新な経済政策を提示できないかということをしめすものであろう。

資本主義には、自由競争か国家の介入か、この二者択一しかないのだろうか。プロダクト・イノベーションの第三段階であるハイテク・イノベーションの進展によって、ひとびとの生活・生産様式が大転換したが、その結果、経済が発展するプロダクト・イノベーションは終結したと考えられる。

もうひとつ重要なことは、ハイテク産業は、繊維工業や重化学工業、とくに後者ほどには、経済をダイナミックに成長させることはできないのではないか、ということである。

そこで、実体経済の成長を主導するセクターが実体経済そのものから金融セクターに移行した。ただし、実体経済が自立的に成長したのは重化学工業までのことであって、第二次大戦後は、IMF体制にもとづく世界的な軍事ケインズ政策によって、世界資本主義の経済成長がささえられるとともに、アメリカの（旧）ソ連との軍事技術開発競争によってハイテク産業が発展した。

だから、IMF体制が崩壊すると、一部のハイテク技術の民間への普及と金融セクターが経済成長を推進するようになったのである。

新自由主義は、規制を徹底的に緩和・撤廃するものなので、その適用というのは、金融セクターがもっとも適合的である。実体経済主導型の経済成長の帰結は、ハイテク技術革新の成果を金融セクターに転用して発生した資産バブルであった。

このバブルが崩壊することによって二一世紀初頭大不況が勃発した。

そうすると、今度は、実体経済の成長を主導する部門が、金融セクターから中央銀行に転化した。

(2) 成長主導セクターの移行

産業革命から独占資本主義の成立をへて一九二九年世界恐慌まで、実体経済が経済成長を主導した。企業者（資本家）がプロダクト・イノベーションによる超過利潤をもとめて、熾烈な競争を展開し、それが普及していくプロセス・イノベーションによって経済がダイナミックに発展したからである。

ところが、企業者によるプロダクト・イノベーションというのは、重化学工業で終焉をむかえたのではないかと考えられる。とすれば、国家がその総力をあげて科学・技術開発をおこなってはじめてハイテク産業が成立しえたということになるだろう。

とりわけ、第二次大戦と冷戦という世界戦争がなければ、ハイテク・イノベーションというのは不可能であった。

一九二九年世界恐慌勃発の要因のひとつとして、第一次大戦で重化学工業が飛躍的に成長したことにあると考えられる。そうすると、経済が成長していくためには、さらなるプロダクト・イノベーションが不可欠となった。

ところが、電機や自動車のつぎのイノベーションというのは、企業者にとって、当時としては、むずかしかったことであろう。

アメリカでの一九二〇年代の電化・モータリゼーションによる空前の好景気、それに触発された土地投機や株式ブームが崩壊することで一九二九年世界恐慌が勃発した。この大恐慌は、そのままでの資本主義の存続をゆるさない性格のものであった。

したがって、金本位制から管理通貨制への移行、ケインズ政策の登場は、世界史の必然であったと考えられる。国家によって、経済運営のコントロールがおこなわれるようになった。すなわち、国家が実体経済の成長を主導するセクターとなったのである。

実体経済の成長というのは、それまでの自立的・内在的なものから、国家の強力な政策の遂行によってしか実現しえなくなってしまった。とりわけ、一九二九年世界恐慌が終息して以来、第二次大戦や冷戦という世界戦争がつづくことで、ハイテク・プロダクト・イノベーションがいちじるしく進展した。

ハイテク・イノベーションが進展するなかで、一九七〇年代にはいると、景気が低迷しつづけているのにインフレが高進したので、ケインズ政策が破綻してしまった。そこで、新自由主義的な経済政策とハイテク技術を応用した金融技術の発展によって、金融セクターが経済成長を主導するようになったのである。

結局は、資産バブルによって、すさまじい経済成長がもたらされた。資産バブルが崩壊すると深刻な世界経済・金融危機が勃発した。そうするとケインズ政策がみごとによみがえったものの、じきにふたたび破綻した。国家が経済成長を主導しようとしたのであるが、深刻な財政危機にみまわれてしまったからである。

すなわち、危機の質というのが、それまでとまったくちがっていたのである。

そこで、おなじ金融セクターでも銀行の信用創造ではなく、あらたなマネーをいくらでも供給できる中央銀行が経済成長を主導するセクターとして前面に登場してきたのである。ここに、現代経済のきわめて深刻な特徴がある。その帰結は、通貨価値信認の危機、すなわちインフレの高進だからである。

（3）資本主義の構造転換

産業革命によって成立した資本主義は、当初、自由競争が支配的であった。自由競争下では、生産者が熾烈な競争を展開し、経済が活況になればあちこちで設備投資がおこなわれたが、じきに恐慌が勃発して過剰生産が解消された。

恐慌のきわめて重要な役割は、ひとつは、膨れ上がった供給水準を縮小した需要水準まで暴力的に引き下げ、経営状態の悪い企業や生産性の低い企業を淘汰し、優良企業をのこすこと、もうひとつは、恐慌から不況にかけて、一攫千金を夢見る企業者（アントレプレナー）たちによるプロダクト・イノベーションがあちこちで模索されることである。

プロダクト・イノベーションがおこなわれると、つづいてあたらしい製品やそれまでなかったような製品が普及するプロセス・イノベーションが進行して経済は活況に突入する。こうしたイノベーションが活発化したのは、一九世紀末に欧米諸国をおそった大不況、すなわち一九世紀末大不況下であった。

それまでの繊維機械の普及が頭打ちになると経済は停滞した。一九世紀末大不況がそれであるが、そうすると、とりわけ独米であらたな産業としての重化学工業を生み出すプロダクト・イノベーションが強力にすすめられた。

こうして、資本規模の大きな重化学工業を作り上げるために、広く浅く大量の資金を自己資本として調達できる株式会社制度が利用された。

資本規模の大きな企業が登場すると競争が制限され、独占資本主義の段階に移行した。競争が制限されることで、価格があまり低下しなくなるので、自由競争期よりも利潤が拡大する。これが独占利潤といわれるものである。

独占資本主義は、少数の独占（正確には寡占）企業が供給者になるので、生産調整などで生産規模を需要水準にある程度は適合させることができる。したがって、恐慌などが発生しにくくなり、経済のダイナミックな発展が阻害されるはずである。

ところが、重化学工業の段階にいたって、経済的には、戦争が世界的規模で戦われる可能性が高くなったことが事態を一変させた。鉄鋼業が飛躍的に発展するなかで、電機、自動車、化学、ディーゼルエンジンなどのあらたな産業や機械が勃興し、兵器の性能も質的に向上していったからである。

実体経済の自立的・内在的な成長も一九二九年世界恐慌によって終了した。国家が経済に介入しなければ、実体経済が成長できなくなってしまったのである。マルクス経済学でいう国家独占資本主義とよばれる時代におおきく転換した。

その最初の三分の二くらいは、戦争経済を軸とする国家による経済への介入、すなわちケインズ政策の時代であり、最後の三分の一くらいは、「経済への不介入」ではなく「究極の経済への介入」という新自由主義の時代であった。

後者は、経済・金融規制の徹底的な緩和・撤廃をおこない、資本にとことん利潤機会を提供するものであった。

こうして、資本と国家が主導する経済成長が資産バブル崩壊で終結し、二一世紀初頭大不況が勃発した。この大不況は、資本主義の構造を質的に大転換することをせまるものである。

（4）資本主義のあらたな転換期

産業革命以降、資本主義は、一九世紀末大不況で自由競争資本主義から独占資本主義に移行し、一九二九年世界恐慌から第二次大戦にかけてハイテク資本主義に移行した。経済成長は一貫して実体経済が主導してきたが、一九二九年世界恐慌を契機に国家が、一九九〇年代からは金融セクターが、実体経済の成長を牽引してきた。

二一世紀初頭大不況にみまわれると当初は、弥縫策的にケインズ政策が緊急に採用されたが、世界恐慌の勃発回避のためのものにすぎず、財政赤字が膨れ上がるばかりであった。したがって、じきに、欧米諸国では、深刻な財政危機にみまわれた。

結局は、中央銀行によるマネー供給によってしか、実体経済の成長をささえられなくなってしまった。

このようにみてくると、二一世紀初頭大不況というのは、当初は資本自体が主導してきた実体経済の成長を、まず国家、つぎに金融セクターがささえ、それが破綻して勃発した。そうすると、最後に国家と金融セクターが「融合」する中央銀行セクターが経済の成長を主導し、経済・金融危機の勃発を隠蔽するようになった。これが今次長期不況の本質である。

それは、おそらく、繊維機械、鉄道、電機、自動車、ハイテク産業と進展してきたプロダクト・イノベーションの終結を意味しているのであろう。というのは、遺伝子組み換えやIPS細胞などによる再生医療という、「神の領域」に人類が踏み込んでしまったからだと考えられるからである。

もちろん、再生医療などは、不治の病や難病を治療できるようになる可能性が高いので、人類にとっては、イノベーションの偉大な成果であることはまちがいない。しかしながら、一歩ふみはずすと、クローン人間や克服不能な病原菌が登場することも十分に考えられる。結局は、人類を滅亡させることになりかねない。

二一世紀初頭大不況は、おそらく、実体経済の成長そのものの抑制と経済成長の質を高めることを強制しているのであろう。

そのためには、ひとつは、人類がひたすら経済成長を追求するなかで絶望的に破壊してきた地球環境の原状回復というのは、いまさら不可能であろうけれど、最大限元にもどす努力をすることが必要だということである。

もうひとつは、分配を根本的にかえることが必要だということである。賃金・労働条件の可能なかぎりの引き上げ、福祉の充実、経済格差の徹底的な縮小などをおこなわなければならない。

二一世紀初頭大不況は、このふたつを強制するものであろう。資本主義のあらたな転換期というゆえんである。

3　二一世紀初頭大不況とはなにか

(1) 日本からはじまる大不況

二一世紀初頭大不況のはじまりというのは、じつは、日本の平成大不況にもとめなければならないと考えられる。

戦後日本の高度成長は、重化学工業の生産工程と製品そのものの革新であるプロセス・イノベーションによって達成された。この実体経済が主導する高度成長が終息すると金融セクターが成長の主導部門に躍り出ることで、一九八〇年代末に資産（不動産）バブルが発生した。

日本は、二〇〇〇年代初頭に資産バブル崩壊による金融危機を克服しても、不況とデフレは、いっこうに終息する気配がみられなかった。それは、抜本的な経済・産業構造の改革をおこたってきたからであろう。

衰退産業の退出・成長産業の育成、地球環境保全型システムへの転換、経済・賃金格差の縮小と福祉の充実などもほとんどおこなわれなかった。

地球環境保全のための技術革新であるグリーン・イノベーションが不可欠であったが、あまりすすめられなかった。経済・賃金格差の縮小が必要であるにもかかわらず、二〇〇〇年代初頭には、逆に、経済構造改革の名のもとに、サービス業ばかりか製造業でも大量の非正規雇用が採用され、その結果、経済・賃金格差はいちじるしく拡大した。

日本のばあい、一九九〇年代初頭に資産バブルが崩壊しても、中葉にはアメリカでＩＴ（株式）バブルが、二〇〇〇年代初頭には欧米で住宅・金融資産バブルが発生したので、輸出が伸びて、深刻な不況におそわれることはなかった。おかげで、企業はある程度の利潤を確保することができた。

しかも、国内でほとんどが消化されることで、国債をいくらでも発行することができたので、景気が悪くなると公共投資によって、景気のテコ入れをおこなうことができた。

この日本の二〇年以上にわたる平成大不況が二一世紀初頭大不況の事実上のはじまりである。したがって、本来であれば、二〇世紀末・二一世紀初頭大不況とよぶべきであるが、日本の平成大不況は日本だけがみまわれたこと、現下の大不況は、日米欧で同時に発生しているのでこうよぶことにする。日米欧が資本主義を大転換するような抜本的な経済・産業構造改革を断行し、地球環境の原状復帰と経済・賃金格差の徹底的な縮小と福祉の充実にすすむことを二一世紀初頭大不況は強制している。

(2) 一九二九年世界恐慌の歴史的位置

実体経済が主導する成長プロセスで画期をなすのは、歴史上最悪といわれる一九二九年世界恐慌である。この恐慌が、繊維工業・重化学工業という生産力段階がとりあえず「成熟期」をむかえて勃発し、結果的には、ハイテク産業という質的に高次の生産力段階への移行をせまるものだったからである。

繊維工業・重化学工業の生産力段階は、「ニュートン力学」にもとづくプロダクト・イノベーション（生産物の革新）で到達可能であった。したがって、企業者が積極的に研究・開発をおこなって、繊維機械、鉄道、電機や自動車や化学製品のように、それまでになかったような生産物を商品化することで経済が発展した。

しかも、生産者や企業者が勝手に金儲けにはしれば、神の「見えざる手」がはたらいて、経済は自律的に成長していくので、国家が経済過程と経済運営には、けっして介入してはならなかった。これが古典派経済学の考え方である。

ところが、「ニュートン力学」にもとづくプロダクト・イノベーションというのは、重化学工業の生産力段階で終了した。もしも、それまでになかったような製品を商品化することで経済が発展するとすれば、それができなくなった。

重化学工業が主導する経済成長が花開いた場所が一九二〇年代のアメリカであった。生産工程の革新が大胆にすすめられるプロセス・イノベーションによって、電機や自動車が急速に普及していったからである。同時に不動産・株式バブルも発生し、ついに黄金の一九二〇年代の最後を告げる鐘が鳴った。それが一九二九年世界恐慌にほかならない。

この世界恐慌は、資本主義にふたつの転換をせまった。

ひとつは、古典派経済学が破棄されケインズ経済学が登場したことと、金本位制から管理通貨制に移行したことである。

もうひとつは、実体経済が主導する経済成長をつづけるには、プロダクト・イノベーションの「ニュートン力学」から「量子力学」への大転換が不可欠であったが、企業者レベルでは絶対不可能であったことである。技術革新の質がことなっているからである。

したがって、プロダクト・イノベーションが先行し、プロセス・イノベーションがつづくことによる経済発展は、ここで終了するはずであった。

もしかしたら、企業の利潤が消えて、成長が止まってしまう経済に移行したかもしれない。そうすれば、後述するが、ジョン・スチュワート・ミルがいったように、企業収益がなくなり、金持ちも貧乏なひともいない定常状態（定常型社会）が登場したかもしれない。

しかし、一九二九年世界恐慌の克服過程で、国家による経済への全面的介入が恒常化するようになったことで、世界史はおおきくかわることになった。すなわち、世界恐慌から第二次大戦への過程で、ハイテク産業の生産力段階に移行することが可能となったからである。逆説的ではあるが、一九二九年世界恐慌によって、資本主義は、とりあえず生き延びることができた。

資本主義というのは、けっして、みずからは崩壊しない。たとえば、管理通貨制という等価交換の大原則を投げ捨てることまでして、資本主義が存続しているからである。

(3) 金融セクターが主導する経済成長

第二次大戦と戦後の冷戦体制のもとでアメリカは、最先端の軍事技術開発に集中できたため、ハイテク産業がおおいに発展した。もちろん、産業の中心は、軍事技術開発と軍事工業だったので、戦後しばらくは、アメリカ経済は停滞した。

一九二〇年代以来の好景気にわいたのは、インターネットが普及した一九九〇年代にはいってからのことである。

ハイテク産業の生産力段階に突入すると、その成果が実体経済に導入されるプロセス・イノベーションが進展した。いわゆるIT(情報・技術)革命である。一方で、ハイテク技術が金融セクターにも投入されることで、さまざまな複雑な新金融商品が開発されるようになった。

こうして、一九九〇年代にはいると利潤獲得機会の主要部面は、実体経済から金融セクターに転化した。金融資本により多くの利潤機会を提供するために、国家によって、徹底的な金融規制の緩和・撤廃がおこなわれた。国家が金融ビジネスには、一切介入しないという「究極の介入」がおこなわれた。

こうして、一九九〇年代後半のアメリカの株式・ITバブル、二〇〇〇年代初頭の資産(住宅・金融資産)バブルによって、金融市場は未曽有の活況にわいた。資産効果によって、個人消費がおおいに拡大し、実体経済の成長が促進され、景気も高揚した。

ここで重要なことは、実体経済が主導する経済成長と金融セクターが実体経済の成長を主導する経済成長には、質的に大きな断絶があるということである。

実体経済というのは、財やサービスなどを提供するセクターなので、その高揚には、おのずと限界がある。

いくら活況期であったとしても、常識はずれの設備投資はおこなわれない。アメリカの資産バブル最盛期に新車は一六〇〇万台あまりも売れたが、売れるからといって、四〇〇〇万台や五〇〇〇万台の生産能力を有するようになるまでの設備投資はおこなわれなかった。いずれ、設備が過剰になるのはあきらだからである。

ところが、実体経済とちがって、金融セクターは、ふたつの要因で、いくらでも金融取引を増やすことができる。

それは、ひとつは、実体経済とおなじように、金融商品の開発にはかなりの研究・開発費が必要であるが、それを商品化し販売するための設備投資は実体経済からすればゼロにひとしいくらい少なくてすむからである。プログラムをつくる設備とか、世界的な通信設備があれば十分である。

ただし、金融セクターで利潤をあげるには、金融商品の高い組成能力と販売能力をもつ人材が決定的なカギとなるので、実体経済とくらべて人件費はきわめて高い。金融セクターで、高給を提示して、有能な人材の引き抜き合戦がおこなわれるのは、そのためである。

アメリカには、たとえ年俸一〇億円で引き抜いても、何十億円の利益を稼ぎ出す人材がゴロゴロしているといわれている。

もうひとつは、金融セクターは、実体経済から完全に自立して肥大化することはできないものの、実体経済とくらべると比較にならないくらい肥大化しうるということである。資産バブルが崩壊すると深刻な金融危機にみまわれるのはそのためである。

たとえば、世界の外国為替の取引規模は一日三〇〇兆円あまりもあるし、デリバティブ取引の年間の規模は兆を超えて京である。

金融商品のヘッジ手段であるCDS（クレジット・デフォルト・スワップ）の取引規模は、資産バブルの最盛期には七〇〇〇兆円の規模にたっした。世界のGDP総額をはるかに超えていた。保有する金融商品のヘッジではなく、さまざまな金融商品を対象にして、暴落したら暴落したぶんの儲け、暴落しなければ手数料の儲けという、「賭け」の対象にする取引が急膨張したからである。

天文学的規模にまで膨れ上がった金融セクターは、かならず強制的かつ暴力的に大収縮をせまられる。さまざまな金融商品をつかって一種の「バクチ」を打ったツケがまわってくるのである。金融資本は、損失をなんとしても減らそうとして金融商品を投げ売りする。

こうして、いったん収縮をはじめたら金融資本は、膨大な損失をかかえてしまう。実体経済の恐慌とちがって、金融資本が天文学的規模の損失をこうむるのはそのためである。

(4) 二一世紀初頭大不況の世界史的位置

実体経済の成長を主動する経済セクターの大転換をせまった一九二九年世界恐慌とちがって、二一世紀初頭大不況は、資本主義のあらたな大転換をせまっている。

それは、ひとつは、一九二九年世界恐慌後のように国家が経済に大規模に介入しても、実体経済の成長ができなくなってきているからである。

資本主義は、繊維工業、重化学工業、ハイテク産業というプロダクト・イノベーションを起動力として発展してきた。ハイテク技術革新は、それだけでひとびとの生活・生産様式を大転換させることはできなかったが、ここに、経済をダイナミックに発展させるプロダクト・イノベーションは「終結」した。

国家が主導しても実体経済の成長ができなくなると、こんどは、経済成長を主導する部門として金融セクターが前面に出てきた。金融セクターが主導する経済成長が健全な経済発展を阻害するということを劇的にしめしたのが、二一世紀初頭大不況にほかならない。

二一世紀初頭大不況は、これからは実体経済が主体的に経済成長をすすめていくこと、実体経済の質を高めることが不可欠であり、金融セクターはそのための「ひかえめな仲介者」でなければならないということをわれわれにおしえている。

もうひとつは、資本によるあくなき利潤追求によって成長してきた資本主義が、その限界に突き当たっていることである。

資本主義経済は、労働者の搾取、庶民からの収奪をもとに、大量生産・大量消費・大量廃棄によって成長し、資本は膨大な利潤を獲得してきた。その帰結は、絶望的な地球環境破壊とすさまじい経済・賃金格差である。

このふたつの要因により、二一世紀初頭大不況は、政治・社会・経済・産業構造の大転換をせまっている。

すなわち、地球環境の原状復帰のための技術革新によって社会・経済・産業構造を大転換させるグリーン・イノベーションの断行、資本・金融資本の利潤追求にたいする徹底的な社会的規制、経済・賃金格差の最大限の解消による平等社会と福祉社会の実現などがせまられている。

したがって、二一世紀初頭大不況の終息がはじまるのは、成立以降二〇〇年あまり経過した資本主義が大転換し、あらたな社会に移行する兆しがみえはじめてからのことであろう。

(5) 長くつづく大不況

二一世紀初頭大不況は、期間では、四年あまりつづいた一九二九年世界恐慌を超え、広がりでも世界を巻き込んでいるが、規模という点でははるかに軽微である。

それは、一九二九年世界恐慌以降、金本位制から管理通貨制に移行することによって、大規模な財政出動と中央銀行による大量の資金供給が可能となり、恐慌の勃発をおさえるシステムが完備しているからである。

リーマン・ショックが勃発すると欧米諸国政府は大規模な財政出動をおこない、財政出動が財政危機で継続できなくなると、こんどは、中央銀行が大規模な資金供給をおこなっている。

おかげで、株高が演出され、恐慌の勃発はおさえられるが、本来であれば淘汰・整理されるはずの旧態依然たる経済・産業構造が温存されることになった。あらたな発展軌道を構築するという資本主義の本来の恐慌機能も消滅した。現代の大不況が長期化する一因はここにある。

日本で資産（不動産）バブルが崩壊してからじつに二〇年以上、欧米で資産（住宅・国債・金融資産）バブルが崩壊してから六年以上経過しても、いっこうに二一世紀初頭大不況を克服できないのは、経済・産業構造の大転換と賃金・経済格差の抜本的な是正と福祉の充実などが遅々としてすすまないからである。

日本の場合、すでに二〇〇五年三月期決算でメガバンクは、融資総額にしめる不良債権比率が正常範囲といわれる五％以下に引き下げることができた。したがって、この時点で、資産バブル崩壊にともなう金融危機はとりあえず終息した。

ところが、デフレの深化にともなって、二〇一三年四月から日本銀行が質的・量的緩和という異次元緩和を実行しているのに、平成大不況になかなか本格的に終息する気配がみられない。

それは、ひとつは、地球環境保全などを中心とする経済・産業構造の大転換と賃金・経済格差の徹底的な是正と福祉の充実がなされていないからである。

もうひとつは、金融セクターが主導する経済成長の究極の帰結である資産バブルが崩壊することにより、金融資本が膨大な損失をかかえるとともに、実体経済の低迷がいちじるしく深刻化したので、恐慌の勃発をおさえるために、政府と中央銀行が大規模な資金供給をおこなうことができたからである。

日本の資産バブル崩壊不況が長期化したのは、膨大な損失をかかえた銀行が、政府と日本銀行の側面支援をうけながら「自力」で損失処理をしようとしたからである。

銀行がいくら利益をあげても資産バブルの「ツケ」の穴埋めにつかい、自己資本比率の維持のため新規融資をおこなわず、融資の回収までおこなったので、景気の低迷がつづいたのである。

資産バブル崩壊不況は、二〇〇五年あたりに終息したと考えられる。これが第一次長期不況である。その後もつづく第二次長期不況の要因は、貿易構造がそれまでの黒字基調から赤字基調に転換し、内需拡大による成長軌道に転換しなければならないのに、逆に経済・賃金格差の拡大、福祉の切り下げなどがおこなわれてきたからである。

(6) 長期停滞論の台頭

ローレンス・サマーズ元米財務長官は、二〇一三年一一月の国際通貨基金(IMF)の会議で、長期停滞論ともいうべき発言をおこなった。ここで、サマーズ氏の見解についてみてみよう(小野亮「『長期停滞論』と自然利子率の低下」『みずほインサイト』二〇一四年六月九日)。

サマーズ氏によれば、長期停滞というのは、「経済が均衡状態にもどることは容易ではなく」、均衡の回復には、予想以上に長い時間がかかるような状態をさしているという。

二〇〇八年のリーマン・ショックから一三年まで五年以上も経過しているにもかかわらず、アメリカの実質GDP(国内総生産)は、潜在GDPを下回ったままであり、大幅な需要不足がつづいている。一〇%以上を記録した失業率は、二〇一三年には六%台前半まで低下してきているものの、長期失業や部分的失業や潜在的失業など重要な問題が解決されておらず、順調に失業率が低下してきたとは単純にはいうことはできない。

失業という側面からみても、景気が本格的に回復してはいないが、サマーズ氏は、すでに、二〇〇〇年代半ばには、アメリカ経済は、現在にいたる深刻な問題に直面していたというのである。資産(住宅)

バブルの真っ只中のことである。

すなわち、金融緩和によって資産バブルがもたらされる一方で、大幅な超過需要はもたらされず、インフレ率は安定しており、「巨大なバブルですら、過剰な需要を生むには十分ではなかった」というのである。

このように、二〇〇〇年代後半にみられた資産バブルと物価安定・完全雇用の併存、その後につづく大幅な需要不足ということから、サマーズ氏は、「二〇〇〇年代半ばに、自然利子率がマイナス二％ないしマイナス三％に低下していた」という仮説を提示している。

実質金利は市場できまる。それにたいして、自然利子率は、潜在成長率やひとびとの選好や経済の基礎的条件（ファンダメンタルズ）によってきまるが、その低下要因は、つぎのようなものと考えられる（小野、同）。

①技術革新にともなう設備投資の割安化
②人口と技術の伸びの低下、潜在成長率の低下
③消費性向の低い家計や企業への所得分配のシフトによる貯蓄過剰
④金融危機後に高まった将来にそなえた予備的貯蓄
⑤新興国の貯蓄余剰（グローバル・セービング・グラッド）
⑥信用のきびしさ

このような要因によって、自然利子率が大幅に低下している場合、中央銀行が政策金利を引き下げ、金融緩和をすすめても、資産バブルがもたらされるだけであって、個人消費や設備投資などの有効需要を十分に刺激できないということになる。

こうした自然利子率の大幅な低下のなかで、追加金融緩和がおこなわれると、資産バブルが再燃するだけでなく、淘汰・退出をせまられるはずの衰退産業の、とりわけゾンビ企業が生き残り、景気の停滞が長引く。

そのため、米FRBが出口戦略をすすめることは必要なことであるが、自然利子率の引き上げのために、①民間投資をうながす規制改革や税制改革、②貿易協定、輸出規制の緩和などをつうじた輸出の拡大、③インフラなどの公共投資、などが必要であるとサマーズ氏はいう。

サマーズ氏の見解は、公共投資はともかく、抜本的な経済・産業構造改革を実行しなければ、長期不況から離脱できないというものである。そのかぎりでは、二一世紀初頭大不況の本質をついている。

ただ、現代資本主義において、民間投資を促進するような成長戦略が枯渇しているという現実をみていないところにサマーズ氏の限界があるように見受けられる。だから、本書では、地球環境と人間のための経済構造に大転換しなければならないと主張するのである。

4　二一世紀初頭大不況の終息

(1) 国家財政と中央銀行の全面出動

二一世紀初頭大不況は、繊維工業と重化学工業という実体経済の成長、国家が主導してのハイテク産業の構築というかたちで実体経済の成長をつづけてきた資本主義が、金融セクターが主導することによってしか実体経済の成長ができなくなったことの帰結として勃発した。

二一世紀初頭大不況が、資本主義のあらたな大転換をせまっているにもかかわらず、欧米諸国政府は、すさまじい財政出動によって「恐慌」の勃発をおさえつづけてきた。

それは、二〇世紀末から二一世紀初頭にかけて、日本からはじまり欧米諸国で連鎖的に発生した資産バブルが崩壊することによって勃発した大不況の本質を完全に見誤っていたからである。

その結果、欧米政府は、深刻な財政危機におちいり、大規模な財政出動ができなくなっている。資産バブルで先行した日本では、際限のない財政出動により、政府債務残高が一〇〇〇兆円を超え、GDP比で一三〇%あまりと、欧米諸国とくらべても極端な財政危機におちいっている。

すなわち、一九二九年世界恐慌を克服する過程で管理通貨制に移行してから、恐慌の勃発をおさえることに成功した資本主義は、主要な恐慌「抑制」手段である財政出動が完全に機能不全におちいったということである。

そこで、もう一方の恐慌の「抑制」機関、しかしながら、より「高次」の中央銀行が前面に出るようになった。

ただし、中央銀行ができるのは、恐慌の勃発をおさえることだけであって、通常は、恐慌・不況から好況局面に移行させることはできない。中央銀行ができるのは、あくまでも景気の過熱をおさえ、はげしい恐慌の勃発を緩和することだけである。

日米欧中央銀行は、金利操作やオペーレーションなどの伝統的な金融政策手段だけでなく、国債、社債、証券化商品の購入など非伝統的金融政策手段をフル出動している。

だが、後者は中央銀行の「禁じ手」である。というのは、管理通貨制のもとでは、中央銀行はニュー・マネーをいくらでも投入でき、その結果、通貨の信認がうしなわれるインフレが高進するからである。インフレの高進というのは、債権者（預金者）である国民から債務者である政府・企業に所得移転がおこなわれるということである。これは、預金者たる国民にたいして、議会の承認なしにおこなわれる「合法的」大増税にほかならない。

すなわち、究極の不公平なのである。戦後の（旧）西ドイツで、インフレ阻止が中央銀行であるドイツ連邦銀行の唯一の使命だったのはそのためである。

リーマン・ショックを契機にとられた経済・金融危機対策によって深刻化した財政危機は、結局、インフレの高進というかたちで、債権者たる国民の犠牲のもとに終息する可能性が高い。

歴史上、何度も繰り返されてきた「財政危機の深刻化が財政危機を終息させる」という「財政危機のパラドックス」ともいうべきものが、二一世紀初頭大不況でも発生するかもしれない。

だが、現状では、いささか事情がちがっているようにみえる。

(2) 欧米のインフレの回避

二一世紀初頭大不況を克服するためにとっている日米欧諸国政府の政策対応によって、結局は、インフレが高進する可能性はけっして低くはない。二〇一二年九月以降、日米欧の中央銀行が相次いですさまじい金融緩和策を発表したからである。

アメリカの中央銀行である連邦準備制度理事会（FRB）は、失業率を六％台前半に下がるまで、国債と住宅ローン担保証券（MBS）を購入する量的緩和の第三弾（QE3）とともに、事実上のゼロ金利を期限をさだめずにつづけてきた。

欧州中央銀行（ECB）は、欧州安定メカニズム（ESM）に金融支援を要請した南欧諸国の国債を無制限に購入すると発表した。二〇一五年一月には、ついに量的緩和に踏み込んだ。

日本銀行も国債、株価など指数連動投資信託（ETF）、不動産投資信託であるJ-リートの購入額の増大をおこなっている。

日本では、二〇一二年一二月に実施された総選挙で自民党が圧勝して政権を奪取すると、安倍首相は、日本銀行にすさまじい政治的圧力をかけ、景気の回復とデフレ脱却のために、大胆な金融緩和の実施をせまった。

二〇一三年四月に、日銀は、インフレ目標（物価安定目標）二％の達成にむけて量的・質的金融緩和という異次元緩和に踏み込んだ。一四年一〇月には、追加緩和をおこなった。

このように、景気対策、失業率の低下や債務危機対策のために、日米欧の中央銀行がマーケットに大量の資金供給をおこなっている。その結果、インフレが高進する可能性が高まってきた。究極の不公平であるインフレが高進すれば、通貨の信認がうしなわれ、健全な経済運営がいちじるしく阻害される。

とはいえ、欧米諸国は、中央銀行が政治から確固たる独立性を維持し、政府が徹底的な歳出削減と増税を断行すればかろうじて財政再建が可能である。

アメリカFRBは、事実上のゼロ金利政策は当面つづけるもの、二〇一四年一〇月にQE3を終了した。FRBの金融緩和によって、景気もとりあえず回復したといわれ、財政赤字も削減されてきているので、アメリカでインフレが高進しない可能性も出てきた。

もちろん、中央銀行の全面出動で景気が維持されてきたので、金融緩和をつづけざるをえなくなる可能性は高いのであるが。

ユーロ圏（ユーロを導入した国）では、欧州債務危機でユーロを防衛するために、すさまじい財政緊縮政策がおこなわれてきているので、日本のように事実上のデフレにおちいっていた。二〇一四年末には、ついに消費者物価上昇率がマイナスを記録した。しかし、財政赤字は削減されてきているので、ユーロの信認が低下して、インフレが高進するということはないかもしれない。

ところが、日本では歳出削減と増税によって、健全財政を実現することは不可能にちかい。財政破綻状態にあるのに、さらに財政出動している日本だけで、インフレが高進するという可能性もある。

(3) 不十分な金融規制

資産バブルを阻止するためには、金融規制の強化が絶対不可欠である。

国家が介入しても実体経済の成長ができなくなった資本主義は、金融セクターが成長を主導してきた。

そのために、一九二九年世界恐慌のようなものを繰り返さないために導入されたきびしい金融規制の大幅な緩和・撤廃がおこなわれた。

その帰結が欧米で発生した歴史上まれにみるような資産バブルであった。

資産バブルによる資産効果や、アメリカの住宅バブルのように、値上がりした住宅を売却することによって収益がえられ、それを消費することにより、景気はいちじるしく高揚する。

資産バブルは、実体経済での景気の活況と質的にことなるレベルまで金融セクターを膨れ上がらせるので、崩壊すればすさまじい不況にみまわれる。金融機関は、膨大な損失をかかえるので、景気がいちじるしく後退する。

そうすると、収縮した消費を膨れ上がった供給水準まで引き上げなければ、景気の後退をおさえることはできない。

したがって、景気対策と膨大な損失をこうむった金融機関の救済のために、大規模に財政資金を投入しなければならないので、深刻な財政危機にみまわれる。財政危機におちいるとさらに景気が悪化する。

資産バブルは、金融規制の大幅な緩和や撤廃などがおこなわれた結果、金融「工学」の「発展」もあって、複雑な金融商品が開発されるようになり、それが世界中に販売されて発生した。

ヨーロッパでは、おもに英米仏の銀行が南欧諸国などの国債に大規模に投資し、国債バブルが発生した。住宅バブルもしかりである。

したがって、金融セクターには、きびしい金融規制をかけて、金融セクターが主導する経済成長をなんとしても排除しなければならない。政治家は、景気の高揚のためには、このような手っ取り早く安易な方法をとりがちだからである。

金融セクターは、あくまで、健全な実体経済の成長、地球環境と人間にやさしい経済・産業構造の構築を促進する「控え目な仲介者」にすぎないからである。主役に躍り出てしまうと金融（資産）バブルが頻発する。それが歴史の教訓である。

ところが、アメリカでは、リーマン・ショック後に抜本的な金融規制がおこなわれることになったものの、次第に骨抜きされてきた。

ヘッジファンドだけでなく、金融機関などの金融資本が、中央銀行による緩和マネーを株式市場などに投入したので、ダウ平均は史上最高値を更新した。事実上の株式バブルが発生したとみていいであろう。

(4) 二一世紀初頭大不況の終息

長引く二一世紀初頭大不況がどのようにして終息するのかということを考察する場合、第二次大戦での敗戦とインフレの高進で苦境におちいり、廃墟と「ゼロ」から不死鳥のようによみがえり、戦前の社会・経済・産業構造を大転換した日本の経済復興のプロセスを考慮することが有効かもしれない。

日本は、重化学工業の生産工程の革新であるプロセス・イノベーションによって、史上まれにみるほどの高度成長を達成することができた。

ドイツは、戦前来の重化学工業設備をつかったため、このようなイノベーションを推進しえなかったので、欧州連合（ＥＵ）の統合参加に舵を切らざるをえなかった。

財閥解体と農地解放などによって、幻想とはいえ「一億中流社会」を実現し、現実の「社会主義」よりも社会主義にちかいといわれたかつての日本、さらに、社会的市場経済原理にもとづいて、平等・公平社会の実現、インフレの阻止、賃金の上昇と労働条件の向上、いいモノづくり、福祉充実と環境保全などに専念するドイツ、この日独がこれからの世界経済の雛型になるかもしれない。

とはいえ、二一世紀初頭大不況の過程で大転換して登場するであろう資本主義像というのは、それがさらに深化したものとならざるをえない。というのは、日独の政治・経済・産業・社会構造は、あくまでも二一世紀初頭大不況以前に構築されたものだからである。

これから構築されなければならない政治・経済・産業・社会構造は、あくまでも地球環境と人間に徹底的にやさしい定常型社会でなければならない。

というのは、おなじ資本主義の転換といっても、二一世紀初頭大不況は、一九世紀末大不況、一九二九年世界恐慌から第二次大戦にかけての二〇世紀前半大不況とおおきくちがっており、利潤追求という資本の行動様式そのものの大転換をせまるものだからである。

過去二度の大不況は、生産物の革新によって生活・生産様式を大転換させるプロダクト・イノベーションによって資本主義が発展することを促進するものであった。実体経済主導型の経済成長の余地がかろうじてのこされていた。

もちろん、ハイテク・イノベーションは、第二次大戦と冷戦という世界戦争、すなわち究極の国家の経済過程への介入によってはじめて可能となったのであるが。

労働者の搾取と庶民からの収奪をもとに、大量生産・大量消費・大量廃棄によって資本主義経済がすさまじく成長してきた。その大転換をせまるのが二一世紀初頭大不況である。

大転換後の資本主義は、市場経済システムを機能させるということを前提に、地球環境にとことん配慮しながら、生産性の向上により、世界的な物的豊かさを維持する一方、分配を徹底的にかえて、世界的規模で経済・所得格差を縮小させるというものである。

実体経済の側では、生産工程の革新であるプロセス・イノベーションと地球環境の可能なかぎりの原状復帰のためのグリーン・イノベーションが推進されるが、プロダクト・イノベーションとちがって経済をダイナミックに成長させることはできない。

もちろん、地球環境の可能なかぎりの原状復帰のための生産物の革新がおこなわれるのでプロダクト・イノベーションはすすめられるが、生産・生活様式を根本的に変革するようなものではないであろう。

新興国がプロセス・イノベーションによる経済成長ができるように、日米欧が協力していかなければならない。地球環境に徹底的に配慮したグリーン・イノベーションが不可欠だからでもある。

(5) 定常型社会への移行

これからは、地球環境の可能なかぎりの原状復帰と経済・賃金格差の徹底的な縮小と福祉の充実がせまられるので、企業の利潤はいちじるしく減少する。というよりも、なくなってしまうこともある。

その結果、企業の成長がとまる。資本は、金融セクターにしか利潤機会を見出すことができなくなるので、このセクターに殺到することで資産バブルが頻発する可能性がある。アメリカでは、このようなバブルが実際に発生した。したがって、どうしても、きびしい金融規制が不可欠なのである。

経済学の黎明期に、人口が増加すると肥沃な土地がなくなり、食料価格が上昇することで賃金が上昇し、企業の利潤がゼロになり、経済が成長しなくなるといわれた。これが停止（定常）状態とよばれるものである。

地球環境を原状復帰させるための経済政策を採用し、経済・賃金格差を最大限縮小すれば、経済成長はとまり企業の利潤機会はかなり制限される社会が生まれる。それを定常型社会といってもさしつかえないであろう。

本書では、資本主義のあらたな大転換によって構築されるべき地球環境に徹底的に配慮した経済成長と経済・賃金格差があまりない社会を定常型社会とよぶ。

古典派経済学者ミルにいわせれば、これは成長が停止するなどという次元の低いものではなく、「誰も人を押しのけて、金持ちになりたいとは思わない」社会、すなわち定常型社会ということになるのである。

この定常型社会というのは、成長がとまった経済なので、現実に北欧に存在している福祉国家とはいささかことなっている。福祉国家では、企業は利潤追求をおこなう。活性化された企業システムを活用し、高率の課税をおこなって、経済・賃金格差の是正と福祉の充実をはかるのが福祉国家であろう。

われわれは、二一世紀初頭大不況が強制しているのは、定常型社会であると考えている。それは、福祉国家ともことなっている。

市場経済のメリットを最大限活用して、地球環境と調和のとれた経済成長を実現し、外国貿易や対外投資を拡大し、外国からの利子・配当収入からなる所得収支の拡大をはかれば、福祉国家のように国民に高率の課税をおこなう必要がない。すなわち、国家が独自に収入をえる道を模索するということである。

こうして、比較的低率の課税で福祉国家なみの格差の是正と福祉の充実が可能となる。医療も無料でうけられ、予防医療も普及すれば、医療費は大幅に減少する。ストレスなどによる病気も減り、犯罪も減少するので、ここでも歳出が減少する。共同体を復活させ、住みよい街作りをすすめれば、健全な生活をおくることができる。

こうして、二一世紀初頭大不況をへて、世界史のうえではじめて、この世の「楽園」が登場するかもしれない。

第一部　実体経済の成長と金融肥大化

資本主義では、恐慌が勃発すると供給が需要のレベルまで強制的に引き下げられて恐慌が終息し、あらたな経済の発展軌道が構築された。

一九二九年世界恐慌が勃発すると、国家が経済に介入し、積極的な財政政策により需要を供給のレベルまで引き上げる政策が採用されるようになった。中央銀行も金流出に気をつかうことなく、金融緩和ができるようになった。

おかげで恐慌は勃発しなくなったが、その反面で、衰退産業の退出・成長産業の勃興という経済・産業構造の転換がおこなわれなくなった。

一九二九年世界恐慌以降も資本主義が実体経済主導の経済成長ができたのは、第二次大戦と戦後の冷戦体制という究極の国家の経済への介入がなされたからである。とくに重要なことは、アメリカで、国家主導の軍事ハイテク・イノベーションが進展したことである。

一九八〇年代にはいると実体経済から金融セクターに、経済成長を促進する主導部門が転化した。八〇年代以降、金融セクターが肥大化し、資産バブルが頻発するのはそのためである。資産バブルが発生することで実体経済もいちじるしく成長することになった。

ハイテク・イノベーションにより、金融「工学」という学問分野まで登場し、金融セクターが天文学的規模に膨張するようになった。とくに、二〇世紀初頭に欧米で発生した資産バブルは、とんでもない規模にまで膨れ上がった。

ここでは、とうぜんのことながら、通常の恐慌機能がはたらくことはない。

バブルが崩壊すると急速に金融セクターが大収縮し、実体経済も冷え込むので、大恐慌を回避するには、大規模な財政出動と中央銀行の資金供給が必要とされるが、経済・産業構造改革が強制されないので、不況が長期化する。これが、資本主義「発展」のプロセスである。

第一章　実体経済の成長メカニズム

資本主義が成立するには、封建制下での考え方を大転換させなければならなかった。キリスト教の教義の独自の解釈をとおして、アダム・スミスやマックス・ウェーバーは、資本主義の成長メカニズムを解明したと考えられる。

それでも、資本主義の非人間性は、明確に批判されることはなかった。アルフレッド・マーシャルは、資本家に自己の利益獲得だけでなく、労働者の状況や社会の発展を視野にいれた経済倫理を身に付けることをもとめた。マーシャルが、資本主義の本質を正確に見通すことができなかったからかもしれない。

しかしながら、カール・マルクスは、資本主義の成長が労働者の搾取にもとづくものであり、あくなき利潤追求そのものが、恐慌を勃発させるということをあきらかにした。

ここで、実体経済が成長するメカニズムについて、みてみることにしよう。

1　自由競争と市場経済

(1) アダム・スミスの経済成長論

重商主義批判　経済学の父といわれるアダム・スミスは、「国富論」において、金銀財宝が富であるとする重商主義を批判した（アダム・スミス著、水田洋監訳、杉山忠平訳『国富論（一－四）』岩波書店、二〇〇〇－二〇〇一年）。

重商主義では、「国富は生産からよりも輸出から、直接に生じる」（同、三、三三頁）として、「金銀をある国に蓄蔵することが、その国を富ませるもっとも容易な方法だと考えられて」（同、一、二六〇頁）いた。したがって、ここで奨励されるのは、「富者と有力者の便益のために営まれる産業である。貧者や無力者の便益のために営まれる産業は、あまりにもしばしば無視されるか、あるいは抑圧されるのである」（同、三、二六六頁）。

その結果、「消費者の利益はほとんどつねに生産者の利益の犠牲にされており、消費ではなく生産が、すべての産業や商業の究極的な目標であり目的」（同、二九六頁）と考えられたのであろう。

スミスは、労働こそが富を生み出すとして、つぎのように主張した（同、一、一九頁）。

「すべての国民の年々の労働は、その国民が年々消費する生活の必需品や便益品のすべてをその国民に供給する、もともとの原資であって、それらのものはつねに、その労働の直接の生産物であるか、あるいはその生産物で他の諸国民から購入されるものである」。

したがって、労働のすぐれた熟練・腕前・判断力をそなえ、多くのひとびとが有用な労働に従事しているばあい、そういう国が多くの富を蓄積できるということになるのである。

神の「見えざる手」

スミスは、経済の成長について、有名な「見えざる手」(an invisible hand) という言葉をつかって、つぎのようにいう(同、二、三〇三頁)。

個人は、「一般に公共の利益を推進しようと意図してもいないし、どれほど推進しているかを知っているわけでもない。国外の勤労よりは国内の勤労を支えることを選ぶことによって、彼はただ彼自身の安全だけを意図しているのであり、またその勤労を、その生産物が最大の価値をもつようなしかたで方向づけることによって、彼はただ彼自身の儲けだけを意図しているのである。そして彼はこのばあいにも、他の多くのばあいと同様に、みえない手「見えざる手」に導かれて、彼の意図のなかにまったくなかった目的を推進するようになるのである」。

ようするに、「自分自身の利益を追求することによって、彼はしばしば、実際に社会の利益を推進しようとするばあいよりも効果的に、それを推進する」(同、三〇四頁)というのである。

このことをよく引用されるつぎのようなたとえ話をあげて論じている(同、一、三九頁)。

「われわれが食事を期待するのは、肉屋や酒屋やパン屋の慈悲心からではなく、彼ら自身の利害にたいする配慮からである。われわれが呼びかけるのは、彼らの人類愛にたいしてではなく、自愛心にたいしてであり、われわれが彼らに語るのは、けっしてわれわれ自身の必要についてではなく、彼らの利益についてである」。

このように、それぞれの生産者が他人のことなどまったく考慮せずに、自分の金儲けを一心不乱に追求すれば、神の「見えざる手」がはたらいて、経済が成長していくというのである。

したがって、「自分の状態をよりよくしようとする各個人の自然の努力が、自由にかつ安全を保障されて、実行を許されるならば、きわめて強力な原理であって、それだけでなんの助力もなしに、社会を富と繁栄に導くことができる」（同、三、七八頁）として、国家の経済過程への干渉を不要としているのである。

アダム・スミス問題

「国富論」においてスミスは、他人のことなどまったく考えずに、利己心にもとづいて自分の金儲けだけを追求すれば、「見えざる手」がはたらいて経済が成長するとのべた。

この考え方は、隣人を愛し、他人のために奉仕せよという、キリスト教の考えに、真っ向から反するものである。新約聖書は、「金持ちが天の国に入るよりも、らくだが針の穴を通る方がまだ易しい」（『新約聖書』日本聖書協会、二〇〇七年、三七頁）と説いている。

しかも、スミスは、「国富論」に先立って執筆した「道徳感情論」では、つぎのようにのべている（アダム・スミス著、水田洋訳『道徳感情論〈上〉〈下〉』岩波書店、二〇〇三年）。

「他のひとびとのために多くを感じ、自分たちのためにはわずかしか感じないこと、われわれの利己的な意向を抑制し、われわれの仁愛的な意向を放任することが、人間本性の完成を形づくり、そのことだけが人類のなかに諸感情と諸情念の調和を生みだしうるのであって、かれらの品位と適宜性の全体はそこにあるのだ」（同〈上〉、六三―六四頁）。

このようにみてくると、「道徳感情論」と「国富論」は矛盾するのではないかという、いわゆる「アダム・スミス問題」が一九世紀のドイツで議論された。

この問題は、スミスのいう自己利害関心と同感を考察することで解決されることになった。

利己心と自己利害関心

「深慮、警戒、細心、節制、恒常性、不動性という」のは、封建制の下では下級の諸徳であった（同〈下〉、三〇七頁）。すなわち、「下層身分の人びとの諸徳、すなわちかれらのきびしい節約（けちという軽蔑の意味はふくまれていない）、かれらの苦痛にみちた勤労、そして諸規則へのきびしい執着は、かれらには、いやしくて不快なものと思われ」ていたのである（同、六七頁）。

しかし、自己利害関心的な諸動機から育成されるのは、「倹約、勤勉、分別、注意、思考集中という諸慣行」であり、「各人の尊重と明確な是認とにあたいする、ひじょうに賞賛すべき諸資質」として評価されるようになったのである（同、三〇七頁）。これが資本主義にいたる徳性となったのである。

このようにみてくると、「道徳感情論」において取り上げられた利己心というのは、たんに、他人のことなどまったく考慮せず、自分の金儲けだけを追求するというものではないということがわかる。封建制下では、節約、勤労、諸規則の遵守という自己利害関心的な動機にもとづく行為は、いやしく、不快なものであって、下等な徳であり軽蔑される行為だったのである。

しかしながら、利己心にもとづくものである倹約・節約、勤勉・勤労、諸規則の遵守などは、資本主義にいたると中産階級である中小生産者層によって、経済を発展させる「上等」な徳であり尊敬される行為となった。

こうして、あたらしい徳性の地位をあたえられた自己利害関心的な動機にもとづく行為によって、中小生産者層が、自分自身の利益を追求するさいに、「見えざる手」がはたらくのであるが、それだけでは、資本主義経済は健全に発展しない。

「道徳感情論」で提示された同感にささえられた社会が、自分自身の利益追求の大前提とならなければならないからである。とすれば、相互の愛情と愛着はどうか。

相互の愛情と愛着

スミスは、相互の愛情や愛着についてつぎのようにいう（同、二二二頁）。

「人間社会の全成員は、相互の援助を必要としているし、同様に相互の信頼にさらされている。その必要な援助が、愛情から、感謝から、友情と尊敬から、相互に提供されるばあいには、その社会は繁栄し、そして幸福である。それのさまざまな成員のすべてが、愛情と愛着という快適なきずなで、むすびあわされ、いわば、相互的な世話というひとつの共通の中心にひきよせられているのである」。

ここでは、相互の愛情と愛着にもとづく社会が繁栄し、幸福であるというのは、あくまでも理想の姿としてえがかれている。

したがって、それが、たとえ欠如していたとしても、「その社会は、幸福さと快適さは劣るけれども、必然的に解体することはないであろう」（同、二二三頁）というのである。

ところが、「社会は慈恵なしにも、もっとも気持ちがいい状態においてではないとはいえ、存立しうるが、不正義の横行は、まったくそれを破壊するにちがいない」（同）し、「正義は、大建築の全体を支持する支柱である。もしそれが除去されるならば、人間社会の偉大で巨大な組織は、一瞬に崩壊して諸原資になるに違いない」（同、二二四頁）というのである。

正義は、資本主義社会の存立に不可欠であるが、「徳とは、卓越であり、大衆的で通常なものをはるかにこえて高まった、なにかふつうではなく偉大で美しいものであ」(同〈上〉、六四頁)り、これをひとびとにもとめたら、普通のひとは生きていけないのである。

スミスは、このような徳をもとめなかったが、同感にもとづく社会についての必要性を強調するのである。

同感

「道徳感情論」は、つぎのような文章ではじまっている(同、一三頁)。

「人間がどんなに利己的なものと想定されうるにしても、あきらかにかれの本性のなかには、いくつかの原理があって、それらは、かれに他の人びとの運不運に関心をもたせ、かれらの幸福を、それを見るという快楽のほかにはなにも、かれはそれからひきださないのに、かれにとって必要なものとするのである。この種類に属するのは、哀れみまたは同情であって、それはわれわれが他の人びとの悲惨を見たり、たいへんいきいきと心にえがかせられたりするときに、それにたいして感じる情動である。われわれがしばしば、他の人びとの悲しみから、悲しみをひきだすということは、それを証明するのになにも例をあげる必要がないほど、明白である」。

スミスは、このような感情というのは、「人間本性の他のすべての本源的情念と同様に、けっして有徳で人道的な人にかぎられているのではなく、ただそういう人びとは、おそらく、もっともするどい感受性をもって、それを感じる」という(同)。

しかも、面白いことに、「最大の悪人、社会の諸法のもっとも無情な侵犯者でさえも、まったくそれをもたないことはない」として、有徳・悪人を問わず、人間すべてに共通の感情であるというのである(同)。

同感というのは、哀れみや同情という他の人々の悲哀にたいする人間の同胞感情をあらわす言葉なのである（同、二八頁）。

人間は、同感という能力をつかって、「他人の諸情念を、その諸情念の対象にとって適合的なものとして是認する」が、是認しなければ、それらに完全には同感しないということになる（同、四四頁）。

一方で、「他の人の諸意見を是認することは、それらの意見を採用することであり、それらを採用することは、それらを是認することである。あなたを確信させるのと同一の諸論拠が、同様に私を確信させるならば、私は必然的に、あなたの確信を是認するし、もし、それらがそうしないならば、私は、必然的に、それを否認する」（同、四五頁）。

「道徳感情論」の冒頭でのべられているように、人間がいかに利己的なものであったとしても、その本性のなかには、他人の運・不運に気を配り、他人の幸福は自分の幸福でもないのに、それを必要とするなにかがある。ようするに、人間は、利己心によってみずからの幸福を追求するが、そのためには、他人および他人の幸福が必要だということなのであろう。

こうした、人間の同胞感情、すなわち「同感に支えられた社会」は、野心と正義感覚をそなえた個人を養成し、「自由で公正な市場」の形成に貢献する。財産形成の野心をいだきつつも、「胸中の公平な観察者」への顧慮によって、正義を守る個人がマーケットで自由に活動すると、「見えざる手」（価格調整メカニズム）が機能し、社会の資源が効率的に利用されることになる（堂目卓生「アダム・スミス㊦」『エコノミスト』二〇一一年一〇月一一日号）。

「自由で公正な市場」は、分業（より広い意味では技術進歩）をうながすことによって生産性を向上させる。生産性の向上は、資本蓄積とあいまって「経済成長」を促進するのである（同）。

（2）マックス・ウェーバーの資本主義の精神

資本主義の登場

ドイツの社会学者マックス・ウェーバーは、近代資本主義成立の根拠について、独自の見解をあきらかにした（マックス・ウェーバー著、大塚久雄訳『プロテスタンティズムの倫理と資本主義の精神』岩波書店、二〇〇二年）。

ウェーバーは、人間の経済社会はすべて資本主義であって、封建制をへて移行した資本主義をそれまでのものと区別して近代資本主義とよんでいる。

資本主義は、中国にも、インドにも、バビロンにも、また古代にも中世にも存在した（同、四五頁）。それは、「貨幣を渇望する『衝動』の強弱といったものに資本主義とそれ以前の差異があるわけではない。金銭欲はわれわれの知る限り人類の歴史とともに古い」（同、五四頁）からである。

金儲けにたけていた中国やインドは、近代資本主義以前には、世界の中心であって、ヨーロッパは辺境であった。資本主義がたんにできるだけ多くの貨幣を獲得しようとするものであるとすれば、中国やインドなどの国々では、近代資本主義がダイナミックに発展したはずである。

ところがそうはならなかった。金儲けをしてはならないというキリスト教、そのなかでも戒律のとくにきびしいカルビン派が多いイギリスで、近代資本主義が最初に登場したからである。金儲けをしてはならないという教えを忠実に守ってきたひとびとが、あくなき金儲けを追求するようになった。

どうしてなのか、というのが、ウェーバーが同書を執筆する動機であった。

ひとびとの労働観

封建制下でのひとびとの生活態度というのは、「足るを知る」というものであったのであろう。だから、ひとびとをうごかす動機は、報酬の多いことよりも、労働の少ないことであった。

すなわち、ひとびとが考慮にいれたのは、どれだけ労働すれば一日にいくら報酬がえられるかということではなく、これまでとおなじだけの報酬をえて伝統的な必要をみたすには、どれだけの労働をしなければならないかということであった（同、六四-六五頁）。

キリスト教の教えからすれば、禁断の木の実を食べたアダムとイブがエデンの園を追い出されるばかりか、労働という罰をうけたのであるからとうぜんのことなのであろう。

したがって、「人は『生まれながらに』できるだけ多くの貨幣を得ようと願うものではなくて、むしろ簡素に生活する、つまり、習慣としてきた生活をつづけ、それに必要なものを手に入れることだけを願うにすぎない。近代資本主義が、人間労働の集約度を高めることによってその『生産性』を引き上げるという仕事を始めたとき、到る所でこのうえもなく頑強に妨害しつづけたのは、資本主義以前の経済労働のこうした基調だった」（同、六五頁）。

もしも、近代資本主義が労働の集約度を高めて生産性を向上させるために賃金を倍にしたとすれば、かえって半日で家にかえってしまうということもおこる。だから、賃金を半分にすれば、倍もはたらくかというとそうもいかない。かえって、労働争議が激化する。

このことを解決するには、ウェーバーは、「高度の責任感が必要であるばかりか、少なくとも勤務時間の間は、どうすればできるだけ楽に、できるだけ働かないで、しかも普段と同じ賃銀がとれるか、などということを絶えず考えたりするのではなくて、あたかも労働が絶対的な自己目的——天職（Beruf）——であるかのように励むという心情が必要となる」（同、六七頁）という。

しかし、ひとびとは、生まれつきそんな心情を持ち合わせてはいない。賃金を引き上げるなどということでもむずかしい。それは、「長年月の教育の結果としてはじめて生まれてくるものなのだ」（同）というのである。

ここでいう教育というのは宗教的教育のことである。労働を自己目的、すなわち天職と考えるべきだという、近代資本主義の要求にまさに合致する考え方は、宗教的教育の結果として最大になるのである（同、六八頁）。

厳しい戒律

「宗教改革が人間生活に対する教会の支配を排除したのではなく、むしろ従来のとは別の形態による支配にかえただけ」（同、一七頁）であり、「当時経済的発展が進んでいた諸地方の宗教改革者たちが熱心に批判したのは、人々の生活に対する宗教と教会の支配が多すぎるということではなく、むしろそれが少なすぎるということだった」（同、一八頁）のである。

宗教上の「恩恵の地位」は現世から信徒たちを区別するひとつの身分であるが、この保持は、「なんらかの呪術的＝聖礼典的な手段でも、懺悔による赦免でも、また個々の敬虔な行為でもなくて、『自然』のままの人間の生活様式とは明白に相違した独自な行状による確証、によってのみ保証され」（同、二八六頁）たが、このことから、「個々人にとって、恩恵の地位を保持するために生活を方法的に統御し、そのなかに禁欲を浸透させようとする機動力が生まれてきた」（同）のである。

このように禁欲は、義務以上のよき行為ではなく、神による救いの確信をえようとするひとびとすべてに要求される行為であり、「来世を目指しつつ世俗の内部で行なわれる生活態度の合理化、これこそが禁欲的プロテスタンティズムの天職観念が作り出したもの」（同、二八七頁）であった。

神がもとめるのは、「労働そのものではなく、合理的な職業労働」（同、三〇九頁）である。

とはいえ、「人間が生涯にわたる労働の目的として、莫大な貨幣と財貨を背負って墓に下ることをひたすら考えつづけるといったことは、彼らには倒錯した衝動、つまり『呪われた黄金の飢餓』の産物と考えるほか」（同、八一頁）ない。

しかも、「貨幣の獲得を人間に義務づけられた自己目的、すなわち天職とみるような見解が、他のどの時代の道徳感覚にも背反するもの」（同、八三頁）なので、「資本主義的経済秩序はこうした貨幣獲得が『天職』としておこなわれることを必要としている」（同、八二頁）。

したがって、「正当な利潤を『天職』として組織的かつ合理的に追求するという心情は」（同、七二頁）、近代資本主義的企業にもっとも適合的な形態であり、適合的な精神的推進力となったのである。ウェーバーは、これを暫定的に「（近代）資本主義の精神」と名付けている（同）。

プロテスタンティズムの倫理と資本主義の生成

「ピュウリタンの天職観念と禁欲的生活態度の促迫が資本主義的生活様式の発展に対して直接に影響を及ぼさざるをえなかった」（同、三二八頁）。

というのは、「富が危険視されるのは、ただ怠惰な休息や罪の快楽への誘惑であるばあいだけだし、富の追求が危険視されるのも、他日煩いなく安逸に暮らすためにおこなわれるばあいだけで、むしろ、「天職である」職業義務の遂行として道徳上許されているだけでなく、まさに命令されている」（同、三一〇－三一一頁）からである。

こうして、ウェーバーは、資本主義への移行にさいしての価値観の転換をあきらかにする。「プロテスタンティズムの世俗内禁欲は、所有物の無頓着な享楽に全力をあげて反対し、消費を、とりわけ奢侈的な消費を圧殺した。その反面、この禁欲は心理的効果として財の獲得を伝統主義的倫理の障害から解き放った。利潤の追求を合法化したばかりでなく、それをまさしく神の意志に添うものと考えて、そうした伝統主義の桎梏を破砕してしまった」（同、三四二頁）のである。

「私経済的な富の生産の面では、禁欲は不正ばかりでなく、純粋に衝動的な物欲とも戦った」（同、三四四頁）が、この「消費の圧殺とこうした営利の解放とを一つに結びつけてみるならば、その外面的結果はおのずから明らかとなる。すなわち、禁欲的節約強制による資本形成がそれだ。利得したものの消費的使用を阻止することは、まさしく、それの生産的利用を、つまりは投下資本としての使用を促さずにはいなかった」（同、三四五頁）。

このように、禁欲精神を有するプロテスタント、とくにピュウリタニズムは、ひとびとのためによりいいモノを安く提供し、喜んでもらうように全力を投入する。これこそ隣人愛の実践的な姿なのであろう。

よく売れるので利益が増える。しかし、利益は、いいモノをなるべく安く売ったことの結果であって、目的ではない。

貨幣獲得というのが金儲けではなく、天職となった以上、消費の圧殺、すなわち贅沢三昧するのではなく節約につとめ、さらにいいモノを安く提供するように、利益の生産的利用に振り向ける。こうして、経済が成長していく。

ピュウリタニズムの人生観は、市民的な、経済的に合理的な生活態度にむかおうとする傾向に有利に作用し、近代の「経済人」の揺籃をまもった（同、三五一頁）。

富の誘惑への無力さ

ところが、「ピュウリタニズムの生活理想が、ピュウリタン自身も熟知していたように、富の『誘惑』のあまりにも強大な試練に対してまったく無力だったことは確実である」（同）。これは、「世俗内的禁欲の先駆者、すなわち、中世修道院の禁欲がくりかえし陥ったのとまったく同じ運命だった」（同）。

しかも、「現世における財の分配の不平等が神の特別な節理のわざであり」（同、三五六頁）、「カルヴァンが『民衆』――すなわち労働者や手工業者の――は貧しいときだけ神に従順であるといっていた」（同）ことから、貧富の差もみとめられるようになった。

こうして、「勝利をとげた資本主義は、機械の基礎の上に立って以来、この〔禁欲の精神〕支柱をもう必要としない。禁欲をはからずも後継した啓蒙主義の薔薇色の雰囲気でさえ、今日ではまったく失せ果てたらしく、『天職義務』の思想はかつての宗教的信仰の亡霊として、われわれの生活の中を徘徊している」（同、三六六頁）。

ウェーバーは、「営利のもっとも自由な地域であるアメリカ合衆国では、営利活動は宗教的・倫理的な意味を取り去られていて、今では純粋な競争の感情に結びつく傾向があり、その結果、スポーツ的性格をおびることさえ稀ではない」（同、三六六頁）とまでいっている。

そして、つぎのように人類に警告を発している。

「将来この鉄の檻の中にすむものは誰なのか、そして、この巨大な発展が終わるとき、まったく新しい預言者たちがあらわれるのか、それとも――そのどちらでもなく――一種の異常な尊大さで粉飾された機械的化石と化すことになるのか、まだ誰にも分からない。それはそれとして、こうした文化発展の最後に現れる『末人たち』にとっては、次の言葉が真理となるのではなかろうか。『精神のない専門人、心情のない享楽人。人間性のかつて達したことのない段階にまですでに上りつめた、と自惚れるだろう』と」（同）。

（3）経済騎士道論

経済騎士道とは何か

アルフレッド・マーシャルは、「経済学は人生の日常の実務において生き、働きそして考える人間の研究である」（アルフレッド・マーシャル著、永沢越郎訳『経済学原理　第一分冊』岩波ブックサービスセンター、一九九一年）とのべ、「人間」というものに焦点をあてた経済学を構築した。

マーシャルは、経済生物学を経済学者のめざすべきメッカであるとのべたが、経済生物学の実態というのは、かならずしも明確になっていない。

しかし、「有機的成長論、すなわち、経済の進歩と経済主体たる人間の共進化を考慮に入れた理論が経済生物学の核になる」（山本堅一「A・マーシャルの有機的成長論における経済騎士道と生活基準の役割」北海道大学『経済学研究』第六一巻第三号、二〇一一年一二月、三七頁）という考え方がある。

経済騎士道というのは、「資本企業者が経済活動において欲求をすて、ひたすら優越への欲求に生きようとするような態度」（馬場啓之助「マーシャル――近代経済学の創設者」勁草書房、一九六一年、一一〇-一一一頁）であると考えられる。

さらに、「自己の利益獲得のみに関心を持つのではなく、労働者階級の状況や社会の発展を視野に入れた経済倫理を身につけるべきことを企業者に求めたのであって、マーシャルはそれを『経済騎士道』と呼んだ」（舛谷謙二「マーシャル『経済原理』における連続性の認識と方法」『東北学院大学論集』第一三七号、一九九八年、一三八頁）。

しかも、「労働者の生活基準に対応するこの『経済騎士道』は、産業進歩に果たすべき不断の企業創造と新工夫の遂行をたえず実践し、莫大な利潤に現れる『富そのもののために富を求める』態度を」排除する「企業者のライフスタイルなのである」（西岡幹雄「マーシャル研究」晃洋書房、一九九七年、一五五-一五六頁）。

企業者への道徳教育

経済騎士道が「富を求める態度を排除する」ものあれば、経済騎士道にもとづいて利潤追求をおこなわない企業者は、資本主義の競争で敗退してしまうはずである。

そのばあい、興味深いのは、マーシャルが、「もしわれわれがこの騎士道を教育できるならば、国家は私企業の下で繁栄するだろう」（Marshall, A, “Social possibslity of economic chivalary,” in Pigou, 1925, p. 334）とのべていることである。

マーシャルもウェーバーとおなじように、資本主義の成功者である企業者にたいして、道徳教育が必要であると考えていたとみることができる。しかし、成功した企業者が自発的に経済騎士になるわけではない。そのためには世論が必要である。（山本、前掲論文、四一頁）。

経済騎士道の普及でマーシャルがもっとも重視したのは、名誉法廷としての世論である。成功した企業者は、衆目にさらされ、その行為は、社会的に評価される。

とりわけ、経済騎士道にもとづく行動が称賛され、そうでない行動が称賛されない世論が形成されると、成功した企業者は社会的に「教育」される。

世論の大多数は労働者なので、労働者が適切に企業者の行動を評価できないと、名誉法廷は、経済騎士誕生のために有効に機能しない。ところが、労働者は、「野蛮で粗野」な傾向がある。

したがって、経済騎士道の普及の大前提は、労働者階級の道徳的改善である。この進歩にかかわる概念が生活基準である。

生活基準　マーシャルは、生活基準を「欲求に対して調整される活動の水準を意味する」（アルフレッド・マーシャル著、永沢越郎訳『経済学原理　第四分冊』岩波ブックサービスセンター、一九九一年、二六八頁）とした。

そのうえで、生活基準の向上は、「支出において注意と判断の増大に導き、食欲を満たすだけで、体力を強化することに役立つことのない飲食と、肉体的ないしは道徳的に不健康な生活の様式を避けるように導く、知性と精力と自尊の念の増大」である（同）。

さらに、全国民の生活基準の向上は、「国民分配分を大幅に増大させ、おのおのの等級と、それぞれの職種に属する分配分の分け前も増大させる」（同）。

しかも、肉体的・精神的に健康な生活を送った両親の子供は、「子供たちは生後においてよりすぐれた栄養をとり、訓練は行き届き、より健全な直覚を学び取り、人間進歩の主要な要因である他者に対する配慮と、自己に対する自尊の心をより多く持つようになる」（『経済学原理　第二分冊』一六八頁）と指摘している。

生活基準の向上にむけて、マーシャルは、教育の充実、賃金の上昇、労働時間の短縮という三つの手段を考えていた（山本、前掲論文、四四‐四六頁）。

教育の充実には、自己への教育、子供への教育として家庭教育と学校教育がある。

自己への教育は、たとえば読書などによって教養を身に付けることなどがあるが、そのためには、時間的・精神的余裕が不可欠である。長時間労働では、心身ともに疲れ切り、酒や喧騒に喜びをもとめがちになる。したがって、労働時間の短縮が不可欠である。

マーシャルは、家庭教育では母親の教育的役割を重視する。そのためには、母親がはたらかなくても生活していけるだけの経済的余裕が必要である。

よりよい学校教育は、知的活動を刺激し、賢明な知的探求の習慣を養成し、日常の仕事もより知的に、より素早く、より頼もしくし、労働時間中や労働時間外の生活の基調が高まる。

上昇した賃金が、教育費の増大や環境のよい居住空間への引っ越しなどにつかわれると生活基準が上昇する。だが、贅沢な暮しや酒代にあてられると低下する。

マーシャルは、労働時間の短縮は生活基準の向上の重要な要素と考えた。

「労働時間の適度の減少が生産量の減少に導くのは、しばらくの間だけである。なぜなら、改善された生活水準［基準］が、労働者の能率に十分な効果を及ぼすだけの時間が経過したのちには、労働者の精力、知性ならびに性格の強力さが増大し、短い時間で、以前と同じ仕事が出来るようになるからである」

（『経済学原理　第四分冊』二七五頁）。

マーシャルのいう経済騎士道の普及には、労働者の道徳的改善が必要であり、逆に労働者の道徳的改善には企業者の公共心が必要である。マーシャルは、経済成長によって道徳的改善がなされ、それによってさらに経済成長ができると考えたのである。

（4）市場経済の非人間性

スミスとウェーバーの資本主義観

資本主義があくなき利潤追求、すなわちとことん金儲けをおこなうシステムであるとすれば、どうして、古くから金儲けにたけていた中国やインドで近代資本主義が成立せずに、まったく逆の金儲けにもっともきびしいヨーロッパで登場したのか、ということが説明されなければならない。

資本主義の成立とその本質について、アダム・スミスは「同感に支えられた社会」から、マックス・ウェーバーは「資本主義の精神」から説明する。キリスト教の教義にしたがって「隣人愛」を実現しようとすれば、それは、ひとびとのためにいいモノをつくるということになるからであろう。

スミスは、上述したように、野心と正義感をそなえた個人が養成されることで、「自由で公正な市場」が形成され、財産形成の野心を有するが、かれらが市場で自由に活動すると、「見えざる手」がはたらいて、社会の資源が効率的に配分され、経済が成長するという。

財産形成の野心をもつが、野心と正義感をそなえた個人こそ、スミスのいう「経済人」である。利己心・利己的本能を有する「経済人」があたらしい時代を形成する人間像であった。

ウェーバーは、資本主義が確立すると、こんどは儲けなければ経営をつづけていけなくなり、信仰はうすれていき、金儲けが倫理的義務として是認されるようになったという。これが「資本主義の精神」なのである（マックス・ウェーバー著、大塚久雄訳、前掲書、訳者解説、四〇五頁）。

このようにみてくると、資本主義の「堕落」を見通したのがウェーバーということになるのであろう。スミスの分析対象としたのが資本主義の生成期で、ウェーバーは資本主義の確立期を対象にしたという時代的な制約のせいなのかもしれない。

ウェーバーのいうように、金儲けを倫理的義務として是認するということは、それを目的とすることもみとめられるということになるだろう。ここに資本主義の本質と限界があるのかもしれない。

とはいえ、スミスにしてもウェーバーにしても、金儲けは、あくまでも他人のためによりいいモノをより安く提供して喜んでもらうことの結果にすぎないと考えたことだろう。金儲けはあくまでも結果なので、いいモノ作りのプロセスでけっして手を抜くことはない。

ところが、それが目的になってしまうとモノ作りのプロセスがかなりかわってしまう危険が出てくる。金儲けのためには、手段をえらばないという輩がかならず出てくるからである。だから、法規制が強化されるのである。

マーシャルは、企業者が労働者や社会の発展をはかるような経済倫理（経済騎士道）をもつことにより、経済が成長し、労働者の生活水準が向上すると考えた。

市場経済の非人間性

資本主義は、徹底して競争原理が機能する市場経済によって成長してきた。生産されたモノや提供されるサービスが、売れるか、売れ残るかは、生産者と消費者がむかいあう市場に出されてきまるというのが、市場経済である。生産者がモノを市場に出して、消費者に選んでもらうのである。それは、よくみられる朝市などとおなじである。

したがって、提供されたモノ・サービスがすべて売れることはない。供給が需要をうむという考え方は、現実的にまちがっている。

ただし、ヨゼフ・A・シュンペーターがいうように、それまでになかったようなモノで、みんなほしがるようなモノであれば、供給が需要をうむが、そんなことがいつも可能なわけではない。

とにかく、同業者よりも、よりいいモノをより安く作って、市場に出さなければならない。ただ、よりよいから、より安いから売れるのであれば、まだましである。そうともかぎらないところに、市場経済のむずかしさがある。ようは、消費者の好みにあうかどうかである。

とにかく、売れると見込むモノを市場に出し続けなければならない。とうぜんのことながら、すべて売れるわけではない。売れれば儲けるが、売れなければ大損するし、売れ残りを捨てなければならない。厖大な無駄を大前提とした、「効率性」である。

とことん売って金儲けしようとするので、大量生産・大量消費・大量廃棄で資本主義は、「理想的」に成長する。その帰結は、地球環境と人類の絶望的矛盾である。

儲けなければなければ生き残れない。熾烈な競争に勝つためには、つねにいいモノを安くつくるべく、あらたな生産性の高い設備を導入しなければならないからである。

ブラウン管のテレビで儲けていても、液晶テレビが出てくれば売れなくなる。その日を正確に展望して研究・開発しなければ、いかなる優良企業でも一夜で消え去る。

市場経済というのは、きわめて「効率的」である。本来、「怠け者」である人間が、ムチでたたかれなくても、自主的に一心不乱に金儲けにはしるからである。競争で負けたら、路頭にまよう。へたをすれば命もうしなう。にもかかわらず、自己責任なので、だれも同情しない。

そうなりたくなければ、競争に勝てということなのである。これが、アダム・スミスのいうところの神の「見えざる手」である。

このような、資本主義の本質である「非人間性」が貫徹するのは、熾烈な競争にさらされている資本所有者たる資本家にたいしてだけではない。

資本家は、なんとしても競争に勝ち抜こうとして、徹底的なコスト削減をおこなう。そのため、とりわけ労働コストは極限まで切り下げられる。労働者の搾取を資本主義の深刻な矛盾として解明したのが、カール・マルクスである。

2　資本主義批判の経済学

(1)　商品と貨幣

商　品　カール・マルクスは、『資本論』(カール・マルクス著、フリードリッヒ・エンゲルス編、マルクス＝エンゲルス全集刊行委員会訳、全五冊、大月書店、一九七四年)において、資本主義の生産様式、これに対応する生産関係と交易関係をあきらかにしている。

資本主義では、社会的富は、ひとつの「巨大な商品の集まり」としてあらわれ、ひとつひとつの商品は、その基本（原基）形態としてあらわれるので、マルクスは、まず商品の分析からはじめる。

商品は、ひとつは、人間のなんらかの種類の欲望を満足させるモノである。このあるひとつのモノの有用性が使用価値である。

もうひとつは、ある一種類の使用価値が他の種類の使用価値と交換される量的関係、すなわち割合としてあらわれる交換価値である。

商品の使用価値を問題にしなければ、のこるものは労働生産物ということである。労働生産物は、無差別な人間労働力の支出の凝固物である。この労働の量は、労働時間によってはかられる。

使用価値を生み出す労働は、具体的有用労働である。他方、すべての労働は、生理学的意味での人間の労働力の支出であって、この同等な人間労働（抽象的人間労働）という属性において、商品価値を形成する。

商品は、具体的な使用対象であると同時に、価値の担い手である。すなわち、現物形態と価値形態をもつかぎりでのみ、商品としてあらわれる。

価値形態　それぞれの商品は、使用価値としてはさまざまであるが、ひとつの共通な価値形態・貨幣形態をもっている。貨幣の謎を解明するためには、諸商品の価値関係にふくまれている価値表現の発展をあきらかにしなければならない。

すべての価値形態の秘密は、x量の商品A＝x量の商品B、という単純な形態にひそんでいる。ここでは、商品Aは、自分の価値を商品Bであらわしている。したがって、商品Aは相対的価値形態であり、商品Bは等価形態にある。

これが、z量の商品A＝u量の商品B、または＝v量の商品C、または＝w量の商品D、または＝x量の商品E、または＝etc. となることで、全体的・展開された価値形態となる。

ここでは、z量の商品Aの価値が、無数の他の商品によって表現されることによって、はじめて無差別な人間労働が凝固したものとしてあらわれる。というのは、z量の商品Aの価値を形成する労働が、他のどの労働もそれに等しいとされる労働としてあらわされているからである。

こうして、z量の商品Aはその価値形態によって、ただひとつの商品にたいしてだけでなく、商品世界にたいして社会的な関係にたつのである。

ただ、この相対的価値形態は完結しないので未完成であり、等価形態はバラバラである。そこで、これらの等式を逆に、u量の商品B、またはv量の商品C、またはw量の商品D、またはx量の商品E、またはetc. ＝z量の商品A、とすればよい。

z量の商品Aの価値を一連の他の商品で表現すれば、必然的に他の多くの商品所有者も自分の商品をz量の商品Aと交換しなければならない。したがって、その商品をおなじ第三の商品（z量の商品A）で表現しなければならない。

ここで、z量の商品Aは一般的価値形態となるが、それは、同時にほかのすべての商品が自分たちの価値をおなじ等価物で表現するからである。

こうして、商品世界の一般的な相対的価値形態は、商品世界から除外された等価物商品（商品A）に一般的等価物としての性格を付与する。商品Aの現物形態がこの世界の共通の価値姿態なので、すべての商品と交換されうるのである。

ある商品が一般的等価形態にあるのは、ほかのすべての商品によって等価物として排除されるからであり、この排除がひとつの独自な商品に限定されることではじめて、商品世界の統一的な相対的価値形態は、客観的な固定性と一般的な社会的妥当性を獲得した。

そこで、現物形態に等価形態が社会的にあわさった特殊な商品が貨幣となる。ある一定の商品が歴史的にこの地位を勝ち取った。それが金である。

u量の商品B、またはv量の商品C、またはw量の商品D、またはx量の商品E、またはetc.　＝z量の金、である。

(2) 剰余価値

資本と労働力の価値

マルクスは、最初に投下した貨幣額プラス増加分、または最初の価値を超える超過分を剰余価値とよんでいる。最初に投下された価値は、生産過程で自分の価値量をかえて、剰余価値を付け加える。この運動がこの価値を資本に転化させるのである。

ところが、等価物どうしの交換では、剰余価値は生まれない。流通や商品交換では価値は創造されないからである。

そのために、価値の源泉であるという独特な性質を使用価値そのものがもっているような商品、すなわち、現実の消費そのものが労働の対象化であり、したがって価値創造であるような商品を見つけ出さなければならない。

そこで、資本所有者は、市場で労働能力または労働力という独自な商品に出会う。

労働能力または労働力というのは、人間の肉体、すなわち生きている人格に存在し、なんらかの使用価値を生産するときに、そのつど運動させる、肉体的かつ精神的諸能力のことである。

労働力の価値は、他の商品の価値とおなじく、この独自な商品の生産と再生産に必要な労働時間によってきまる。すなわち、労働力の所持者と労働者の子供の維持のために必要な生活手段の価値である。

剰余価値の形成

それにたいして、労働力の使用によって生み出される価値が労働の価値である。したがって、労働力の使用で一日に作り出される価値が、もし労働力の日価値の二倍でも、買い手にとって幸運なだけであって、けっして売り手にたいする不法ではない。

この差こそが剰余価値であり、この取得が資本家による搾取である。

しかしながら、商品交換の法則は少しも侵害されてはいない。資本家は、買い手として、どの商品にも、労働力にも価値どおりに支払っているからである。そして、労働力商品の使用価値を消費した。労働力の消費過程は、同時に、商品の生産過程である。

こうして、マルクスは、「資本論」において労働力と労働の価値を峻別して、剰余価値の概念をあきらかにしたのである。

（3）利潤率の低下と利潤追求

利潤率の傾向的低下

労働力の使用により作り出された商品の価値のうち剰余価値を差し引いた部分は、資本家が支出した費用価格である。

労働力の価値にたいする剰余価値の比率が剰余価値率であるが、費用価格にたいする剰余価値の比率が利潤率である。

競争は、産業部門での利潤率を平準化する。これが平均利潤である。利潤率が高い部門があれば、低い部門からの参入によって、利潤が減少し、利潤率が低下するからである。

資本主義経済が成長するにつれて、高性能の生産設備など生産手段が増大していく。そうすると、労働と労働力の差が剰余価値なので、費用価格にたいする比率、利潤率がしだいに低下していく。これが、マルクスのいう利潤率の傾向的低下の法則である。

あくなき利潤追求

資本家は、とうぜんのことながら、利潤率の低下をなんとしても食い止めようとする。たとえば、労働時間の延長や労働強化、労働力の価値以下への賃金の引き下げ、生産手段の低廉化などによってである。

利潤率が低下すると、資本家は、利潤量を増やそうとする。利潤の量は、その率が低下しても、投下された資本が大きくなれば、増大するからである。したがって、利潤率が低下すると、投下資本がいちじるしく増大する傾向がある。

こうして、利潤率が低下すると同時に諸資本の量は増大するが、それにともなって、既存資本の減価がすすむ。そうすると、この減価は利潤率の低下をさまたげて、資本価値の蓄積に促進的な刺激をあたえるのである。

こうして、マルクスは、つぎのようにいう（『資本論　第三巻第一分冊』三一三頁）。

「資本主義的生産は、それ自身に内在するこのような制限を絶えず克服しようとするが、しかし、それを克服する手段は、この制限をまた新たにしかもいっそう強大な規模で自分に加えるものでしかないのである。

資本主義的生産の真の制限は、資本そのものである」。

とくに、熾烈な競争のなかで、利潤量を拡大しようとするとりわけ小資本は、冒険の道、すなわち投機、信用思惑、株式思惑、恐慌へと追い込まれていくことになる。

(4) 資本主義批判の経済学

剰余価値の発見　マルクスは、労働力の価値と労働の価値を峻別することによって、剰余価値の概念をあきらかにした。資本家が剰余価値を取得するが、これが搾取という概念である。

資本家が剰余価値を取得できるのは、生産手段などの資本を所有しているからである。そのためには、みずからの労働力しかもたない「無一物」の労働者の存在が前提となる。生産手段をもたない労働者は、みずからの労働力を「商品」として販売するしか生きていくすべはない。労働力も「商品」なのでその価値は再生産費である。それは賃金として支払われる。

資本家は、労働の価値を生産性の向上などによって増加させる。というのは、利潤を拡大するために、労働力の価値と労働の価値の差額を最大限大きくしなければならないからである。そのためには、もう一方では、賃金を引き下げるというインセンティブが強力にはたらくことになる。

賃金は、労働力の価値であるが、生存と再生産が可能であれば、そのぎりぎりまで引き下げることは可能である。しかも、労働力の価値分を支払っていれば、労働時間は、一〇時間であろうと一四時間であろうと一六時間であろうとかまわない。

あくまでも、労働力「商品」にたいして価値どおりの賃金を支払っているので、等価交換であり、不正を犯しているわけでもないからである。

労働者のほうとしては、労働で生み出した価値は、労働力の行使による結果なので、さらに多くの分け前を、というのもまた正当な権利である。

正当な権利どうしの主張は、交渉で解決するしかない。ところが、利潤追求をつづけなければ生き残れない資本家にとっては、とうてい受け入れられない。そこで労働者は、賃上げや労働時間の短縮のために、実力行使をする。

ストライキは、営業妨害であって、本来は違法である。それが、法的にみとめられるようになったのは、正当な権利の行使だからであろう。

ここで、じつは、労働力の価値と労働の価値を一致させるための方法がひとつだけある。労働者が、生産手段を資本家から買い取ればいいのである。ところが、そんなことは、「無一物」の労働者にできようはずもない。

だから、手っ取り早くタダで取り上げればいいのである。ところが、それは、近代市民社会の大原則である私的所有権・財産権の侵害である。「憲法」違反なので、資本家からの生産手段の取り上げるためには、「憲法」を停止しなければならない。

そのために、どうしても権力を奪取する革命が必要とされるのである。

資本主義の初期の成長期であった一八世紀から一九世紀にかけて、実際に、利潤率が次第に低下する傾向がみられた。しかも、資本主義が成長している国ほど低かった。

利潤追求の強制

スミスやデイビッド・リカードなど古典派経済学者は、利潤率の低下は、競争の激化とか穀物価格の上昇によって、賃金が騰貴することによるものであると説明した。それにたいして、マルクスは、資本主義生産の生産力の発展が利潤率低下の根本的な原因であることをあきらかにした。

マルクスは、利潤率の傾向的低下の法則を、近代の経済学のもっとも重要な法則であるとのべた。それは、資本主義そのものの限界をしめすものだからである。

資本家は、利潤率が低下すると、利潤量の増大で補填しようとするので、ますます生産を拡大しなければならない。より多くの利潤を獲得しないと、資本は生き延びることはできないからである。

生産力を拡大すれば、ますます利潤率が低下し、ますます生産力を拡大しなければならないという矛盾におちいるのが、資本主義経済ということなのである。

競争が激化することによって、競争力のある大きな資本が弱い中小資本を蹴散らし、吸収するので資本の集中がすすむ。なんとしても退出を回避しようとして、さらにはげしい競争が展開される。

利潤量の増大のため、生産を拡大しようとするので、労働者の賃金が一時的に上昇する。そのため、利潤率は一時的にさらに低下する。

設備投資もあちこちでおこなわれるので、いずれ恐慌が勃発する。企業倒産が激増し、デフレが発生し、失業者が街にあふれる。生産手段がないというかぎりでの「無一物」の労働者が今度は、生存が不可能となるほどの、ほんとうの「無一物」に転落してしまう。

マルクスは資本主義の矛盾を、資本家による生産手段の私的所有、生産の無政府性と利潤率の傾向的低下の法則が貫徹することによる生産性の「無制限」の拡大、その帰結としての恐慌にあるとした。

理念としての社会主義

市場経済というのは、売れるかどうかを市場に判断させるというものである。売れるかどうかわからないモノを、さまざまな資本家が製造して、市場に出す、これがマルクスのいうところの生産の無政府性である。

生産の無政府性を克服するには、神の「見えざる手」をあてにする市場経済ではなく、人為的に調整すればいい。すなわち、売れるモノを生産すれば、かならず売れる。これが計画経済である。

計画経済を実現するには、革命によって、資本家から生産手段を取り上げて、国家が需要に見合う供給をおこなえばいい。資本家から生産手段を奪取すれば、労働者は、搾取から解放されて、より知性的で豊かな生活ができるようになる。これが社会主義経済である。

ところが、現実に歴史上に登場した「社会主義」国は、生産力がきわめて低い段階で移行したこともあって、ほとんど消滅した。理念としての社会主義とは、ほど遠いものだったからである。

むしろ、現代資本主義は、生産性がとことん上昇するとともに、ＩＴ革命によって、需要にこたえるような供給がかなり可能となっている。資本所有者である株主の分散がすすんでいる。理念としての社会主義にちかづいている。

したがって、マルクスの時代の資本主義から現代資本主義にいたる過程で、資本主義が、いかにおおきく変容をとげてきたのかということがあきらかにされなければならない。

ドイツでは、産業革命、重化学工業化、ＩＴ革命につづく第四次産業革命が進行しているといわれている（『日経ビジネス』二〇一五年一月五日）。これは、業種や会社の枠をこえて、工場同士、または工場と消費者などをインターネットでつなぐＩｏＴ（Internet of Things：モノのインターネット）である。

ＩｏＴを核にして、ドイツが誇るロボットや３Ｄプリンターなどの生産技術を、会社の内外でつなぎあわせることで、大量生産とさほどかわらないコストでオーダーメードの製品をつくる「マスカスタマイゼーション（個別大量生産）」の実現をめざしている。

個別大量生産が低コストで実現できれば、少品種製品の大量生産・大量消費・大量廃棄で発展してきた資本主義が、根底から変革されるかもしれない。消費と生産がほぼ一致すれば、景気循環も地球環境破壊もある程度は、是正される可能性があるからである。

第二章　イノベーションと恐慌の機能

資本主義は、イノベーション（技術革新・新結合）によって発展してきたと考えられる。繊維機械、鉄道、電機・自動車、ハイテク産業などそれまでになかったようなものがつぎつぎと提供されると、爆発的に売れ、建設され、それまでの生産様式とひとびとの生活様式が劇的に転換した。

イノベーションによって、それまで、まったくなかったものが市場に登場すると、高くても売れるので高利潤を獲得できる。この利潤獲得をめざして諸資本が参入する。ヨゼフ・A・シュンペーターは、その過程が資本主義の発展であるというのである。

イノベーションは、恐慌をへて不況期に飛躍的に進展する。企業者がなんとしても生き残ろうとするからである。

資本主義では、定期的に勃発する恐慌が衰退産業や不良企業を淘汰し、成長産業が登場し、優良企業がのこり、イノベーションが進展する。

ところが、一九二九年世界恐慌後は、管理通貨制に移行したこともあって、恐慌が勃発しなくなった。それまでは、恐慌によって衰退産業の退出・成長産業の育成がすすんだが、それが強制されなくなった。現代資本主義において、不況が長期化するようになったのは、そのためである。

同時に、それまで企業者という技術者によって推進されたイノベーションは、世界戦争が戦われるようになることで、国家の総力をあげた軍事技術開発によってダイナミックに進展するようになった。

1　経済成長にはたすイノベーションの役割

(1) イノベーションの類型

資本主義の発展　成立以降、資本主義は、ダイナミックに成長してきた。一九世紀末大不況をへて、自由競争資本主義から独占資本主義の生産力段階に到達した。

ふたつの世界大戦をへて、ハイテク産業の段階に到達した。かくて、地球環境と絶望的な矛盾をきたすにいたったのである。

資本主義がいくら利潤追求のシステムであったとしても、利潤が獲得できるためには、モノやサービスがどんどん売れなければならない。ところが、売れるかどうかは、市場に出してみなければならない。自由競争資本主義では、生産者は、モノが売れるという見込みで生産する。だが、はたしてそれだけで、資本主義がダイナミックに発展するのだろうか。もし、それだけで発展するのであれば、現下の資本主義にも発展の可能性がのこされているはずである。

二一世紀初頭大不況の本質をあきらかにするばあい、資本主義において、どのようにして経済が発展してきたのかということを検討しなければならない。

というのは、日本で一九八〇年代後半の資産(不動産)バブル崩壊以降、平成長期不況にみまわれているが、あまり本格的な回復の兆しがみられないからである。

イノベーションによる発展

ヨゼフ・A・シュンペーターは、資本主義の発展は、それまでの結合（生産体系）を創造的に破壊し、イノベーション（新結合）の普及によることをあきらかにした。

イノベーションというのは、シュンペーターにいわせれば、それまでの生産体系（結合）とまったくことなる新結合である。それを「郵便馬車をいくら連続的に加えても、それによってけっして鉄道をうることはできない」（ヨゼフ・A・シュンペーター著、塩野谷祐一・中山伊知郎・東畑精一訳『経済発展の理論（上）』岩波文庫、二〇〇三年、一八〇頁）とたとえている。

イノベーションというのは、繊維機械、鉄道、電機、自動車などの開発・実用化である。それまでまったくなかったようなモノ、たとえば、自動車などは、だれでもほしがる。したがって、最初に売り出した企業者は、いくら価格が高くても売れるので、超過利潤を獲得できる。

製品価格は、コスト・プラス適正利潤できまるが、売り出した当時は、買いが殺到するので、コスト・プラス利潤・プラス超過利潤で売れる。かなり高く売れるということである。そうすると超過利潤をもとめて新規参入が殺到する。

あちこちで自動車が製造されていくようになれば、経済がいちじるしく発展する。

こうして、新規参入によって、供給が激増するので、超過利潤が消滅することで、この発展が終息する。このプロセスが経済発展なのである。

この経済発展にとって重要な役割をはたすのが銀行家である。預金を受け入れる銀行は、信用創造によって、貨幣を増やすことができる。一般的等価物である貨幣は、それ自体で購買力をもっているので、あらたな需要を生み出す。

たとえば自動車生産の拡大などのために、銀行貸し付けがどんどんおこなわれると、新規設備投資がおこなわれる。

もっとも、設備投資は、本来は、銀行貸し付けではなく、株式や社債などによっておこなわれるのであるが、銀行が貸し付けの繰り返しで設備投資資金を供給することもできる。

イノベーションの枯渇

産業革命は、それまでなかったようなさまざまな繊維機械が開発され、実用化されることによって進展した。

たとえば、ミシンのようなものであろう。ミシンは、いまでこそ電動であるが、昔は、手動ならぬ「足動」であった。足で踏んだ板の上下運動を回転運動にかえたのである。だから、産業革命は、かならずしも蒸気機関の発明によってすすんだものとはいえないのである。

ミシンは、手縫いにくらべて、はるかに多くの縫物ができる。もちろん、手縫いのほうが質は高いのであろうが、ミシンによって縫われた服は、はるかに安く生産でき、販売できる。

さまざまな繊維機械が発明されて実用化されることで経済はいちじるしく発展した。これが産業革命である。

つづくイノベーションは、鉄道の普及である。鉄道は、鉄鋼、石炭、機械などの関連産業を発展させた。それはまた、地理的な時間を短縮し、市場の拡大におおいに貢献した。

ドイツでは、鉄道建設が産業革命を主導したが、膨大な資本を調達するために、株式会社制度が普及した。

一九世紀末には、電機、自動車、化学などのイノベーションが急激に進展した。一九世紀末から二〇世紀初頭にかけての重化学工業化は、第二次産業革命ということができる。

第三次産業革命とみなすことができるのは、第二次大戦後のアメリカで進展したハイテク産業の普及である。ＩＴなどのハイテク産業は、生産様式やひとびとの生活をおおきく転換させた。

ハイテク・イノベーションは、二一世紀初頭大不況で終結したと考えられる。

イノベーションによって、資本主義が発展してきたというシュンペーターの主張が正しいとすれば、二一世紀初頭大不況は終息しないということになる。新結合という意味でのハイテク産業のつぎのイノベーションはないと考えられるからである。

日本がそうであるように、このまま、ダラダラ不況がつづくという結論にいたる。いずれ資本主義は、「安楽死」するのかもしれない。トーマス・ロバート・マルサスはかつて、人口の伸び率が食糧増産よりもはるかにはやいので、いずれ人類は悲惨な状況にいたるといったが、この暗黒の予測とおなじになってしまう。

ところが、イノベーションというものをさらに深く検討し、ふたつに類型化することによって、ことなった姿がみえてくる。

イノベーションの類型

技術の進歩を考察するばあい、プロダクト・イノベーションとプロセス・イノベーションという考え方がある（清野康二「プロダクトイノベーションとプロセスイノベーション――シュンペーターのマルクス批判［1］」『J. Rakuno Gakuen Univ.』第二〇巻第一号、五七頁)。

プロダクト・イノベーションは、生産物の革新であって、これまで存在しなかった、まったくあたらしい生産物を生産することである。

プロセス・イノベーションは、生産工程の革新であって、従来から存在している生産物の低廉化のために費用削減的生産方法を導入することである。

ただし、価格の低下は質の向上をともなっているか、あるいはあらたな機械の生産は機械産業にとっては生産物の革新であるが、利用する側の消費財産業にとっては生産工程の革新であるなど、厳密に区分することはできないこともある。しかし、原理的には区別が可能である。

イノベーションは、このふたつに大別されるが、さらに、資本主義の現段階では、地球環境保全のための技術革新によって、産業構造改革を大胆に展開するグリーン・イノベーションともいうべき技術革新がきわめて重要な役割をはたしつつある。

(2) 二つのイノベーション

新結合　シュンペーターのいう企業者によるイノベーション(新結合)の遂行が経済発展の原動力であるという主張は、現代資本主義の特徴と二一世紀初頭大不況の本質をあきらかにするうえで、きわめて重要な示唆をあたえてくれる。

シュンペーターは、イノベーションは新結合という意味で使用しているが、結合は、つぎのようにのべられている。

「技術的にも経済的にも、生産とはわれわれの領域内に存在する物および力を結合することにほかならない。個々の生産方法はそれぞれ一定のそのような結合を意味している。異なる生産方法は結合の様式によって、いいかえれば、結合される対象によってか、あるいはそれらの量の間の関係によって区別されるにすぎない。個々の具体的生産行為はわれわれにとってかかる結合を実現するもの、あるいはわれわれにとってかかる結合そのものである」（シュンペーター著、塩野・中山・東畑訳、前掲書、五〇頁）。

これらの物や力の結合は、生産物や生産方法の変更によってかわる。それは、旧結合から漸次的な小さな歩みではなく、均衡的考察方法のおよばない新現象によって転換する。すなわち、新結合が非連続的にあらわれることによって、資本主義が発展する。

新結合は、つぎのような諸要因によってあらわれる（同、一八三頁）。

①あたらしい財貨、すなわち消費者の間でまだ知られていない財貨、あるいはあたらしい品質の財貨の生産。

②あたらしい生産方法、すなわち当該産業部門において実際上未知な生産方法の導入。これはけっして科学的にあたらしい発見にもとづく必要はなく、また商品の商業的取扱いにかんする方法をもふくんでいる。

③あたらしい販路の開拓、すなわち当該国の当該産業部門が従来参加していなかった市場の開拓。た

だし、この市場が既存のものであるかどうかは問わない。
④原料あるいは半製品のあたらしい供給源の獲得。このばあいでも、この供給源が既存のものであるか――たんに見逃されていたのか、その獲得が不可能とみなされていたのかを問わず――あるいははじめて作り出されなければならないかは問わない。
⑤あたらしい組織の実現、すなわち独占的地位（たとえばトラスト化による）の形成あるいは独占の打破。

これらの諸要因のうち第一の要因は、あたらしい財貨を生産するプロダクト・イノベーション、第二の要因は、あたらしい生産方法の導入というプロセス・イノベーションということができるであろう。

二つのイノベーション

プロダクト・イノベーション

シュンペーターは、あたらしい財貨の生産として、初期の鉄道建設、第一次大戦前の発電、蒸気や鋼鉄、自動車、植民地事業などはめざましい実例であり、さらに、無数の身近な事例、たとえば、特製の種類のソーセージや歯ブラシで当たりをとるようなことまでおよぶとしている（ヨゼフ・A・シュンペーター著、中山伊知郎他訳『資本主義・社会主義・民主主義　上・中・下』東洋経済新報社、二二三九頁）。

シュンペーターは、特製の種類のソーセージや歯ブラシまで、プロダクト・イノベーションにふくまれるというが、やはり、時代を画するリーディング産業を形成するものであると考えるべきであろう（清野、前掲論文、六二頁）。

そうしないと、いままでにないような歯ブラシの登場で、経済が発展するということになってしまうからである。あくまでもカテゴリーとして分類されるということであろう。

プロセス・イノベーションは、つぎのようなものである。シュンペーターのいうあたらしい生産方法というのは、すでにつかわれている商品や旧商品の生産のために、工場の機械化・電化、生産工程の科学的合成などの生産方法が導入されることで、生産物の単位あたりの総費用が削減されるということである（同、六二頁）。

戦後の日本の高度成長は、典型的なプロセス・イノベーションによる経済発展であったといえよう。多くの重化学工業製品の、高機能・高性能・高品質化と小型化・軽量化のプロセスであったと考えられるからである。

日本がこれから生き伸びていくためには、新興国や資源国という市場に進出しなければならない。そのさい、日本のお家芸であった高機能・高性能・高品質・高価格製品の生産とその小型化・軽量化から、中機能・中性能・中品質・低価格製品の生産に転換するための、あたらしい生産方法のイノベーションが不可欠である。

このプロセス・イノベーションによって、日本もある程度の経済成長が可能になるであろう。

経済の発展と景気循環

シュンペーターによれば、イノベーション（新結合あるいは技術革新）は、静態的均衡または「均衡の近傍」ではじまる（同、六三頁）。この均衡状態では、生産手段の遊休ストックだけでなく、資金的なストックも存在しないことが前提とされている。資金不足を解消するために、信用が重要な役割をはたす。

「信用というのは、本質的には企業者に譲渡する目的でなされる購買力創造であ」（シュンペーター著、塩野・中山・東畑訳、前掲書、二七三頁）り、「信用供与は、経済を企業者の目的に服従させる命令、彼が必要とする財貨に対する指図、彼に対する生産力の委託という働きをする」（同）からである。

このようにしてはじめて経済が発展する。

企業者は、この購買力すなわち資本をもちいて、生産手段を旧結合から引き離して新結合を遂行する。この新結合を遂行するものだけが企業者である。すなわち、新結合の遂行をみずからの機能とし、その遂行にあたって能動的要素となるような経済主体である。

新結合は、新商品の生産（プロダクト・イノベーション）、新生産方法の導入（プロセス・イノベーション）新組織の形成、新販売市場の開拓などをとおして遂行される。

シュンペーターによれば、この新結合を遂行する企業や生産工場などは、たんに古いものに取って代わるのではなく、いちおうこれとならんであらわれ、競争する。というのは、古いものは、がいして自分自身のなかからあたらしい大躍進をおこなう力をもたないからである。

こうして、ついには、新結合をつくるために、旧結合をこわす、いわゆる創造的破壊がすすむ。たとえば、鉄道を建設したのは、駅馬車の持ち主ではなかったということである。

市場経済では、新結合が旧結合を淘汰することで、新結合の社会的地位が向上する。旧結合がみずから変容し、自動的にあたらしいものになるのではない。いわゆる、衰退産業の退出と成長産業の登場である。

先行して新結合を遂行した企業者は、魅力的な企業者利潤（超過利潤）を獲得できるので、それをめざして後続の新企業がつぎつぎと参入し、あらたな産業が形成される（清野、前掲論文、六三頁）。このプロセスが経済の発展であり、好況局面に移行し、金融セクターが高揚し、生産手段価格や賃金などが上昇する。

こうして、大規模な参入により、大量の新商品が市場に供給されると、信用創造によるインフレを上回る以上に物価が下落する。そうすると、企業者の活動がにぶるので投資も減少し、賃金の下落、失業者の増大、金利の下落など不況局面にいたる。

新結合による旧結合の整理・淘汰によって、産業構造がおおきく変化することで、ふたたびあらたな静態的均衡状態にもどるというのがシュンペーターの主張である。

(3) グリーン・イノベーション

地球環境にやさしいイノベーション

資本主義は、ふたつのイノベーションの進展によって「発展」してきた。生産物と生産工程の革新というイノベーションの致命的欠陥は、生産物生産と生産工程の構築に地球環境にたいして負荷をあたえないという理念がほとんど欠落していたことである。もちろん、ふたつのイノベーションには、まったく罪も責任もない。ふたつのイノベーションをすすめてきた人類の側の問題だからである。

人類は、地球環境にほとんど配慮せずに、経済を発展させてきた。もちろん、資本主義の発展につれて、地球環境が悪化してくると、環境保全の法規制が強化されてきたのは事実であるが、ふたつのイノベーションによって、資本主義が「発展」してきたとはいえないのである。

したがって、ふたつのイノベーションの進展が、結果的に地球環境を絶望的に悪化させるおおきな要因のひとつであったとすれば、このふたつのイノベーションと対極をなすあらたなイノベーションが不可欠となる。

このイノベーションこそ、グリーン・イノベーションである。グリーン・イノベーションは、ふたつのイノベーションとちがって、資本主義経済を大規模に発展させることはできないと考えられる。

本来のイノベーションが技術革新であるとすれば、グリーン・イノベーションは、「人類革新」ともいうべきより高次のイノベーションである。

グリーン・イノベーションというのは、成立以来、二〇〇年あまり経過した資本主義の現段階で、資本主義経済の基底的動機である企業の利潤追求の根本的転換を実現するイノベーションである。

もちろん、地球環境保全のためのグリーン・イノベーションによって、経済はある程度は成長する。とはいえ、これからは、脱成長をめざさなければならないであろう。脱成長の経済学が必要とされるゆえんである。

本来は、地球環境保全をおこなうと経済成長は停止するからである。

というよりも、経済規模を縮小させなければならない。資本主義の経済成長が地球環境の悪化の最大の原因なので、これ以上の地球環境の悪化をふせぐには、人類の経済活動をすべて停止しなければならないということである。

そのようなことはできるはずもないので、これからの資本主義経済の「発展」は、ふたつのイノベーションに、あらたにグリーン・イノベーションをくわえ、強力に推進しなければならない。

このグリーン・イノベーションは、資本主義の現段階における「新結合」と考えられるので、その遂行によって、ある程度は経済が成長する。脱成長と経済成長という矛盾をかかえながら、持続可能な経済システムを模索しなければならないところに人類の苦悩がある。

あらたなイノベーション　グリーン・イノベーションは、人類の取り組みと地球環境の直接的保全のふたつある。

ひとつは、人類の取り組みとしてのグリーン・イノベーションである。たとえば、再生可能エネルギーへの転換、生産工程・生活様式の省資源・省エネルギー化、資源のリサイクルとゼロ・エミッション、産業廃棄物や排出物の無毒化、省資源・省エネルギー製品の登場などである。

もうひとつは、地球環境を直接保全するためのイノベーションも進展する。たとえば、植林によるCO_2の削減、砂漠の緑化、発展途上国での太陽光パネルの普及などである。

このようなグリーン・イノベーションは、シュンペーターのいう新結合のつぎの五つの要因すべてに適合する。

①あたらしい財貨の生産：太陽光パネルのように、いままでなかったような環境保全製品がどんどん登場する。

②あたらしい生産方法：生産工程・生活様式の省資源・省エネルギー化、省資源・省エネルギー製品の生産には、あたらしい生産方法が不可欠である。とくに、日本で中機能・中性能・中品質・低価格製品の生産に切り替えるには、従来とは、まったくちがった生産方法が必要となる。

③あたらしい販路の開拓：先進国でのグリーン・イノベーションだけでなく、新興国、資源国、発展途上国では、とりわけグリーン・イノベーションが必要である。
④原料あるいは半製品のあたらしい供給源の獲得：従来、取り出すことのできなかったシェール・ガス、シェール・オイル、メタンハイドレードなどを獲得できるようになった。ただ、これは、グリーン・イノベーションに反すると考えられる。化石燃料をこれからもつかうというものだからである。
⑤あたらしい組織、独占的地位の形成あるいは独占の打破：NPO（非政治組織）やNGO（非政府組織）、企業の社会的責任（CSR）の登場などがすすんでいる。

このように、グリーン・イノベーションによって、地球環境の保全がはかられるとともに、ある程度の経済発展が可能となるであろう。

イノベーションのジレンマ

シュンペーターは、「経済発展の理論」では新結合という言葉を使用したが、「景気循環論」では技術革新という用法をつかっている。

それは、技術「革新の本来の意味が新しい生産関数の設定ということであるのに対して、新結合が同一生産関数内における生産係数の変化も意味する場合もある」からである（金指基『J・A・シュンペーターの経済学』新評論、一九七九年、一〇九頁）。

資本主義が成立して以来、技術革新がいちじるしくすすんできた。

その結果、ひとつは、遺伝子組み換え技術のように、ついに「神」の領域まで踏み込んでしまった。

もうひとつは、いままで取り出すことのできなかった資源が技術革新によって、採掘可能となった。

シェール・ガス、シェール・オイル、メタンハイドレードなどがどんどん採掘されつつある。ガスやオイルやメタンなどが大量に採掘できれば、エネルギー価格が劇的に低下する。そうすれば、企業収益が増大するとともに、ひとびとの生活費も低下し、経済は成長するであろう。定常状態には、おちいらないかもしれない。

しかしながら、CO_2などがこれからさらに排出されることになる。

これらのイノベーション（技術革新）が、はたして人類に経済の「発展」と「しあわせ」をもたらすものなのであろうか。人類は、このイノベーションのジレンマに真剣に向き合わなければならなくなってきているのである。

2　恐慌の経済的意義と形態の変化

資本主義の誕生以来、一九二九年世界恐慌までは、ほぼ規則的に恐慌が勃発してきた。

（1）恐慌の経済機能

設備投資の拡大

市場経済では、資本家（生産者）は、売れるであろうという見込みのもとに商品を生産する。したがって、供給が需要を生み出すとか、需要と供給が一致するのでなければ、とうぜんのことながら売れ残りが出る。売れない商品を市場に出した生産者は、いずれ倒産し、市場から退出をせまられる。

売れる商品を市場に出している生産者は、さらにいい商品を生産して利潤をあげようとして、設備投資をおこなう。利潤のかなりの部分を研究開発費やあらたな設備に再投資しないと、はげしい競争に負けてしまう。

市場経済は、弱肉強食の世界なので、売れるモノづくりで少しでも手を抜いたら、市場から退出をせまられる。いままで生産して売れているモノが、ずっと売れ続けるということも、ないことはないが、市場経済では、おなじようなモノが、性能・機能・品質がより高度化し、しかもより安価になれば、それまでのモノはパタッと売れなくなる。

したがって、利潤率の低下を利潤量でおぎなおうとして、さらに設備投資をおこなう。獲得した利潤は、研究開発費に投入する。研究開発に成功すると商品化のために設備投資をおこなう。そうすると設備はますます生産性が高くなっていくので、労働者の雇用は相対的に減少する。利潤率が低下傾向をしめすとさらに生産を拡大しようとする。

いままでになく、みんながほしがるあらたな商品（生産物）が市場に提供されるプロダクト・イノベーションがおこなわれると、先行して販売することにより特別（超過）利潤を獲得できる。このばあいには、古典派経済学がいうように、供給が需要を生み出す。

特別利潤をもとめて、当該産業に新規参入が殺到する。革新的な商品（生産物）をより効率的に生産するプロセス・イノベーションで経済がおおいに発展する。ここでも、大規模な設備投資がおこなわれる。

恐慌の勃発

こうして、資本家（生産者）は、とくに不況のときに、なんとかして利潤をあげようとして、売れるモノ作りにはげむ。売れていくとさらに生産を増やそうとして、あちこちで設備投資がおこなわれていく。

設備投資では、土地の取得、工場の建設、機械などの生産設備の購入などがおこなわれるので、設備が完成するまでは、一方的な需要となる。すなわち、供給なき需要なので、景気は、ますます高揚していく。

これが景気循環での不況から好況、活況（繁栄）というプロセスである。

好況から活況（繁栄）にいたるプロセスで、企業の利潤も増加するし、労働力不足となって、労働者の賃金も上昇傾向をみせる。そうすると、個人消費も増加し、さらに景気が高揚していく。

こうして、活況（繁栄）期には、巨額の需要が生まれ、とにかく商品が売れるので、多少、生産性や商品の質が低い企業でも生き残ることができる。

ところが、あちこちで設備が完成すると、今度は、そこで生産された膨大な商品（生産物）が市場に投入される。需要なき一方的な供給となるので、市場に商品があふれかえる。

好況から活況（繁栄）にいたるプロセスで需要も増加するが、この需要にたいして、はるかに多くの商品が市場に供給される。過大な供給を需要水準まで強制的・暴力的に引き下げる経済的な力がはたらく。

これが恐慌であるが、商品が売れなくなって勃発し、商品価格が暴落することではげしくなる。

過大な商品が市場に供給されるので、商品の価格を引き下げないと売れなくなる。設備投資資金を回収するために、さらに値引きをして売ろうとする。恐慌期に持続的な消費者物価の下落というデフレーション（デフレ）におそわれるのは、そのためである。

景気の高揚期には、商品が売れたので、かろうじて生き残ることができた企業は、商品価格が下落すると、利潤を確保できないばかりか、経費も回収できないので、いずれ倒産の憂き目にあう。

こうして、過剰設備・過剰債務・過剰雇用が解消される恐慌が勃発する。

恐慌が勃発すると、信用が崩壊するので、原材料を購入するにも現金での支払いを要求されるし、債務の返済などのためにも現金が必要となるので、企業は、銀行に殺到する。そこで、借入金利は暴騰するので、過大な債務をかかえた企業が倒産する。

高騰した金利を上回る利潤を獲得できる企業は、生き残ることができるが、それは、至難のワザである。

実体経済での恐慌が勃発すると、多くの企業が倒産して、銀行に借入資金を返済できなくなるので、今度は、銀行恐慌が勃発する。

ある銀行が倒産すると、その銀行が他行から借り入れた資金や支払わなければならない資金を返済できなくなる。そうすると、銀行は、支払い決済システムを構成しているので、その銀行からの支払いをうけられない銀行も倒産してしまう。

この倒産の連鎖が広がるとさらに深刻な銀行恐慌となる。

恐慌の経済的機能

景気の山が高ければ高いほど、恐慌期には、価格の下落がはげしくなる。供給規模が需要をいちじるしく上回るからである。そうすると、経営効率が悪い企業だけでなく、経営効率のいい企業も利潤を確保できなくなってしまう。

ちなみに、一九七〇年代初頭に外国為替相場が変動相場制に移行すると、円高が進行し、為替差損が膨大なものとなった輸出企業もおなじような、事態にいたった。

価格が三分の二とか、半分に低下すると、企業努力だけでは、利潤はおろか、経費すら回収できない。

借入資金の金利も返済できなくなってしまう。時代遅れの衰退産業の淘汰が劇的にすすむ。

そこで相対的に経営体質が強固で経営体力がある企業は、恐慌に突入すると、価格低下に対応して生き残るために、生産性の向上をはかる。

企業が最大限の利潤を確保することを強制されるのは、このような事態にもそなえなければならないからでもある。

恐慌期には、価格低下との競争となるので、生産性の向上はより切羽つまったものとなる。市場から、技術革新による生産性の向上が強制されるからである。しかも、金利が上昇するので、より大幅な生産性の向上をせまられる。

多くの優良企業は、生産性の向上をはかるだけでなく、より高利潤の産業分野に参入していく。こうして、高い金利以上の利潤をあげることのできる成長産業が登場する。

衰退産業が淘汰され、経営効率の悪い不良企業が市場から退出をせまられることで、膨れ上がった供給水準が劇的に低下する。倒産した企業の設備は、廃棄されるか、つぶすにしてもカネがかかるので放棄されることになるからである。

もちろん、恐慌期には、需要は冷え切っており、激減している。多くの企業は、生き残りに必死で、賃金も労働力の価値以下に引き下げられるし、設備投資も優良企業しかおこなわないからである。

恐慌は、この冷え切った需要水準まで供給が落ち込めば、かならず終息する。

一九二九年世界恐慌といえども、アメリカの失業率は二五％くらいであった。ということは、七五％の労働者が仕事について賃金をえていたということである。もちろん、恐慌なので賃金が激減しているものの、この需要水準まで供給能力が低下すれば底入れする。

こうして、恐慌が終息するとダラダラと不況がつづく。シュンペーターによれば、この不況期にこそ一攫千金を夢見る企業者によるプロダクト・イノベーションがおおいに進展し、経済が発展するという。こうして好況、活況局面に転換していく。

衰退産業の退出・成長産業の育成、経済・産業構造改革というのは、一九二九年世界恐慌までは、恐慌によって強制されてきた。いわば、「自動調整機能」がそなわっていたのである。

（2）世界戦争と技術革新の帰結

第一次大戦と科学・技術

一八〇六年にナポレオン戦争で敗北したプロイセンは、工科大学を設立するなどして、科学・技術の研究・開発に全力を投入した。軍事力の強化には、武器の高性能化が必要であるが、そのために、大量の技術者の養成が不可欠だったからである。

ドイツが一九世紀末に重化学工業を発展させる基礎はここにあった。

一九〇三年のフォードシステムの導入によって大量生産の時代が到来したといわれるので、とうぜんのことながら、かならずしも、戦争だけが科学・技術と生産力発展の原動力ではない。

しかし、科学・技術が「ニュートン力学」から「量子力学」へと質的に発展し、戦争すらできないという事態をまねいたのは、やはり世界戦争の帰結である。

第一次大戦前にドイツは、火薬の原料に不可欠な硝石を確保できなかった。したがって、戦争がはじまっても、戦争を継続することはできなかった。とうぜん、自分のほうから戦争をしかけられないし、なるべく戦争を回避するような外交努力をするだろう。

ところが、フリッツ・ハーバーとカール・ボッシュが水と空気からアンモニアを合成することに成功した。アンモニアを酸化すれば硝酸ができる。こうして、火薬の重要な原料が化学的に生産可能となることによって、ドイツは第一次大戦に踏み切ったといわれている（高橋裕・加藤三郎編『地球環境学　1　現代科学技術と地球環境学』岩波書店、一九九八年）。

いつまでも、ドイツがアンモニアを工業的に合成できなければ、第一次大戦が勃発しなかったとはいえないが、歴史がかなりちがってきたのではなかろうか。

第一次大戦で航空機や戦車などの重兵器、化学兵器が飛躍的に「発展」したが、戦争が科学・技術と重化学工業の成果の総力戦として戦われることになった。これをさらに加速したのが第二次大戦にほかならない。

第二次大戦と科学・技術

二度目の世界戦争に勝利する手段として、アメリカを中心にエレクトロニクス技術、情報・技術、原子力技術などが開発された。

索敵のために不可欠なレーダーの開発は、その後のエレクトロニクス技術発展の出発点となった。コンピュータは、イギリスでは暗号解読のために、アメリカでは弾道計算のために開発された。

大量破壊兵器である原子爆弾は、第二次大戦中に開発・実戦使用された。特殊相対性理論による物質のエネルギーへの転換と、エンリコ・フェルミによる原子核崩壊の実験で原子力の兵器利用の可能性が出てきたときに、ナチス・ドイツに先を越されるなどということを理由に、アメリカでマンハッタン計画がすすめられた。

そして、シカゴ大学で世界最初の原子の火が灯り、ネバダで最初の原子爆弾が炸裂した。

第二次大戦後の冷戦体制のもとでは、宇宙開発競争が熾烈となった。それは、超最先端の科学・技術開発の粋をあつめてはじめて可能となるものであった。しかも、その膨大な開発費は、個別資本による生産性向上のための科学・技術開発とは質がことなっていた。

重化学工業のイノベーションとハイテク・イノベーションには、質的な断絶があるとするゆえんである。後者は、企業者のイノベーションでは、とうてい実現できるものではなく、アメリカという国家が資本主義陣営の協力のもとで、その総力をあげてはじめて可能となるものであった。

冷戦こそ、現在のハイテク産業興隆の生みの親であった。冷戦がなければ、「神」の世界にまで土足で踏み込むような科学・技術の「発展」はかなりおくれたことであろう。

二度の大戦とはちがって、「冷戦」それ自体で大量の犠牲者が出ることはなかったが、その帰結は、人類史にとって最大の不幸をもたらすかもしれない。

冷戦という世界戦争

世界戦争は、第二次戦後も冷戦として戦われた。戦争をしないとしても三度目の「世界戦争」であるとみることができるからである。冷戦も戦争ができない「世界戦争」と規定することによって、「戦争」による科学・技術の飛躍的発展ということがあきらかになる。

二〇世紀末から二一世紀にかけての情報・技術（IT）革命とバイオテクノロジーとナノテクノロジーなどの飛躍的発展は、冷戦下でアメリカが国家の総力をあげて軍事技術と航空・宇宙産業などの育成をはかった帰結である。

戦後、資本主義側の盟主となったアメリカは、ＩＭＦ（国際通貨基金）体制によって、みずからの通貨ドルを金に擬制することによって、世界にドルをばらまき、みずから膨大な需要を作り上げた。そのおかげで、アメリカは、軍事技術開発に特化しても、世界中から消費財を自国通貨ドルで購入することができた。

アメリカ自身は、冷戦期に軍事的、正確には軍事技術と軍備・兵器生産、軍事配備において旧ソ連に勝利しなければならなかった。しかも、実際に戦争ができないので、図上演習でつねに勝利していなければならなかった。

核を積んだミサイルで攻撃されたら、それをミサイルで撃ち落とすというのが、アメリカの最終的な軍事目標であった。ハイテク産業がここまで発展した現段階でもむずかしいといわれる軍事技術開発に、アメリカは、戦後一貫して取り組まざるをえなかったのである。

軍隊というのは実戦によって強くなるし、軍事技術は兵器の実戦使用によって性能が向上する。戦争ができず、図上演習で勝利するというのは、実戦で勝利するよりはるかにむずかしいこともあって、アメリカでは、科学・技術だけは飛躍的に発展した。武器の「費用対効果」を検証することができなかったからである。

こうして、最初の人口衛星打ち上げで旧ソ連に負けたアメリカにとって、ソ連を上回る航空・宇宙技術をもつことが国家目標となり、膨大な国家予算を注ぎ込むことにだれも公然とは反対しなかった。

国家意識を高揚させて国民の圧倒的な賛成をえるために、わざとソ連に先に人口衛星をあげさせたのではないかと思われるくらいうまいやり方である。というのは、一般受けのよいひとを月に運ぶアポロ計画というプロジェクトの本質は、じつは軍事的要請によるものであり、最先端技術の粋をあつめたものだったからである。

こうして、戦後のアメリカは、ソ連にたいして軍事的優位にたつために、なんの憂いもなく、最先端産業の技術開発を猛然とすすめることが可能となった。

ただし、冷戦とはいっても、アメリカが参戦した朝鮮戦争以降、ベトナム戦争など悲惨な戦争、すなわち「限定熱戦」が戦われたが、これは、米ソの「代理戦争」であった。

科学・技術「発展」の帰結

冷戦期にすさまじいほどの科学・技術の発展がなしとげられたが、その帰結は、つぎのようにかなり悲惨なものである。

①地球環境破壊

地球環境をとことん破壊し、人間の生存がむずかしくなりつつある。二〇世紀の重化学工業の発展によって、二酸化炭素の排出は飛躍的に増加し、地球温暖化がすすんでいる。毎年、異常気象が発生している。

資本主義経済は、効率性を最大限高めて利潤追求するシステムなので、企業は、従来、コスト負担となる廃棄物処理などしてこなかった。エネルギー産業の発展阻害要因となる温暖化防止などとんでもない、というアメリカの発想にそれは端的にあらわれている。

アメリカを中心に世界は、シェール・ガスやシェール・オイルやメタンハイドレードなどを地下から取り出して、さらに温暖化を加速させようとしている。ここまで地球温暖化が深刻な問題として、議論されているにもかかわらず、である。

とりわけアメリカを中心に人類は、大量生産・大量消費・大量廃棄のシステムを構築することで経済を発展させてきた。

資本主義というのは、大量に売れることによって発展する。消費者がどんどん買って、それをどんどん捨ててくれれば、経済は成長し、国民も豊かになるシステムである。景気をよくするために、消費をもっと増やせの大合唱がおこなわれている。

こうして、人類は、大量廃棄によって、地球環境を汚染しつづけている。

科学・技術が発展すると、つぎからつぎへとあたらしい高性能商品が売り出される。地球に資源が無限にあれば、また、どんなに地球を汚染しても自然の自浄作用でもとにもどるのであればなんの問題もない。そうでないから深刻な環境破壊が生じているのである。

ドイツのような質素倹約の精神は、資本主義の大原則に反するものとして、忌み嫌われてきた。かつての日本人も、もったいない精神で、モノを大事にしたのであるが。

②人口の激増と食料汚染

工業生産性だけでなく、農業生産性が向上することにより、人口増加のペースがはやまったが、逆に、人口の増加によって食料増産が必要となり農薬や添加物が多くつかわれるようになって、人間の存続が少しずつむずかしくなってきているかもしれない。

人口推計はいろいろあるが、一九〇〇年には一六億人程度であった。国連統計によると一九五〇年に二五億人、九〇年に五三億人に増加し、二〇五〇年にはなんと九四億人にたっすると予測されている。

この人口爆発は、地球環境と調和しえない。環境と調和をしていくためにいかに人口増加を食い止めるかが大問題である。とくに、人口が増加しているのが、発展途上国であるため、この問題は、二一世紀におけるさらに深刻な南北問題となるであろう。

二〇世紀にはいって人口が三倍以上に増加したのは、重化学工業の発展とおおきく関連している。すなわち、化学肥料や農薬の開発によって農業生産性が飛躍的に高まって、食料増産が可能となったために、人口増加の前提が作られたのである。

トーマス・ロバート・マルサスは、人口は幾何級数的に増えるのに、食料増産は算術級数的にしか増えないので、人類はいずれ滅亡すると予言した。しかし、いままでのところ、この予言ははずれている。それは、人口が増加していくとさらに農業生産性を高める必要が出てきたが、資本主義の発展によって、いびつなかたちではあるが、それが可能となったからである。

資本主義が、繊維工業から重化学工業の段階にいたると、科学・技術が発展することによって、より効率的な化学肥料や農薬や食料添加物・保存料が開発されるとともに、品種改良などによって、食料増産が可能となった。

化学肥料と保存料・添加物と農薬漬けの食料を食べつづけることで、また環境汚染された魚を食べるとか、水などを飲むことによって、人体は、その内面から甚大な悪影響をうけている。

同時並行的に医療技術も発展してきたので、人体への被害がある程度おさえられてきたが、生物だけでなく人間の「メス化」がすすんでいる。ようするに、人類がこれ以上に増えないようになってきているのである。狂牛病や羊の口締疫病などは、動物を食べてきた人間にたいしてもう食べさせないという「天罰」だろうか。

二一世紀に人口問題がいっそう深刻化するが、問題は、発展途上国で人口爆発がさらにはげしくなる可能性が高いことである。さらに深刻なことは、途上国のひとびとの生活水準は、工業国にくらべると絶望的に低いので、貧困問題も同時にすすむことである。

エネルギーも薪を燃やすことなどに限定されているので、地球温暖化をますます進行させるであろう。人口が増加することで水も少なくなっていくし、乱開発によって、砂漠化も急速にすすんでいる。

この問題は、国家レベルで解決できるものではなく、人類共通の課題である。発展途上国のひとびとにいわせれば、地球環境を破壊しているのは、贅沢三昧して、資源・エネルギーを浪費している工業国の人間ではないかということになるからである。

③遺伝子組み換え

バイオテクノロジーの発展によって遺伝子組換えやクローン人間の可能性など科学・技術は「神」の領域を侵犯してしまった。だが、ＩＰＳ細胞が発見されたことで、再生医療が発展し、難病や不治の病などの治療ができるようになれば、それはすばらしいことである。

とはいえ、癌化の危険性なども指摘されているので、細心の注意をはらう必要はある。

かつて、科学・技術の発展によって、核兵器が開発され、第二次大戦で使用され、おびただしいひとびとが犠牲となった。冷戦によって、それ以降、いままでのところ核兵器はつかわれていない。

しかし、おそらく核兵器以上に深刻な犠牲者を出すかもしれない科学・技術が発展した。これがバイオテクノロジーであると思う。

遺伝子を人工的に組替えてあたらしい生物や植物を作り上げることが可能となった。それが人類にどういう影響をあたえるか、まだだれもわからない。クローン羊だけでなく、クローン人間がどんどん生み出されないという保証はない。

かつての黒死病（ペスト）で膨大な犠牲者が出たように、人類が遭遇したことのない病原菌が生み出されて大量の犠牲者が出るかもしれない。

④ＩＴ革命

ＩＴ革命の進行によって金融技術が発展し、資産バブルが頻発しているだけでなく、バーチャルな世界と現実の世界との「境目」が希薄になり、社会的存在としての人間の存在が否定されつつある。

バーチャルな世界を利用することによって、設計者は、完成図をみることができる。

気候変動や環境変化について、膨大なデータを入力することでこれからおこりうる事態を予測することができる。ＩＴ革命が進展しバーチャルな世界の登場によって、人類は多大な恩恵をうけている。

インターネットの発達によって、コミュニケーションもやりやすくなってきている。

しかしながら、現実とバーチャルな空間との区別ができなくなる事態が生じたり、子供たちが外で遊びもせずにファミコンやゲームなどに興じたり、携帯電話のメールに熱中して、メール画面だけで友達になるなど、社会的存在としての人間の自己否定につながる危険性が危惧される。

これでは、早晩、人間はサル以下になるかもしれない。

⑤人類ついに滅亡か

このように、人類は、地球のなかのひとつの種にすぎないという意識をまったくもたずに、自分たちの物的豊かさのみ追求し、いさかいを繰り返しては資源を浪費してきた。自分たちばかり数を殖やしてきた人類にたいして、地球がしっぺ返しをしているようである。

人類は、地球の間借り人にすぎないのに、家主のようなふるまいをし、好き勝手につかい、汚染しっぱなしである。

人類は、地球環境を悪化しつくすとともに環境ホルモンの垂れ流しをしてきたが、人類だけでなく、他の生物をも滅亡させかねない事態になってきている。先進国では、少子化が顕著になってきているが、人口増加に対応して、人間は、農薬・化学肥料や食料添加物を大量にかつ長期にわたって摂取してきたこともその一因である。

廃棄してきた環境ホルモンが人間の人体に影響をあたえつつある。動物にもそれ以上の被害をあたえている。草食動物である肉牛に牛の骨を食べさせるということをしたことも、狂牛病が猛威をふるう原因のひとつであるといわれている。

人類は、地球環境と地球上の全生物と共存していくという謙虚な気持ちをもって、政治・経済システムをドラスチックに変革していかないと、二一世紀のうちにも人類は「滅亡」しかねない。

ある種のネズミが増えすぎて、食料が不足すると、海に飛び込んで集団自殺するというのは、俗説のようであるが、人類は、海に飛び込まなくても、陸で「自滅」するところまできているのかもしれない。

(3) 現代の恐慌回避策

一九二九年恐慌と経済学の大転換

いまのところ史上最悪の恐慌である一九二九年世界恐慌は、それまでの恐慌とは質がちがっていた。たんなる、景気循環の一環としての恐慌ではなかったからである。

もちろん、史上最悪の恐慌といえどもかならず終息する。事実、一九三三年には底入れした。ところが、恐慌が終息し、不況局面に移行しても、イノベーションは、なかなか進展しなかった。一九二〇年代にアメリカで花開いた重化学工業のプロセス・イノベーションによる経済の活況局面を崩壊させたのがこの恐慌だったからである。

企業者によるプロダクト・イノベーションは、重化学工業段階で終結したと考えられる。したがって、資本主義は、一九二九年恐慌以降は、単純再生産、すなわち大規模な新規設備投資がおこなわれないという長期停滞におちいるはずであった。

ところが、その後、企業者にかわり、国家主導によりハイテク産業というプロダクト・イノベーションが進展した。

重化学工業段階でプロダクト・イノベーションが終結したと考えられたが、そうであるからこそ、史上最悪の世界恐慌に直面して、資本主義の生き残りのために、経済学と経済運営の価値観を一八〇度転換することを強制された。

ここで、神の「見えざる手」に経済運営をまかせるという古典派経済学が否定された。恐慌が規則的に繰り返され、失業問題はいっこうに解決されず、貧しいものがますます貧しくなっていったからである。「万能」であったはずの市場の失敗である。

そこで、市場の失敗を補完するために、政府が経済過程と経済運営に積極的に介入しようという考え方が出てきた。ケインズ経済学がそれである。

経済がなんらかの事情により、うまく運営されていないばあい、政府がその事情を除去することによって、経済が再回転するという考え方である。

もちろん、一九二九年世界恐慌のときにも、克服策として公共投資などがおこなわれた。いわゆるケインズ政策ともいうべきものであった。

いくら古典派経済学が主流であったとしても、大恐慌に遭遇して、「見えざる手」にまかせるようなことはしなかった。ジョン・メイナード・ケインズは、そのような経済政策を理論的に体系化し、マクロ経済学という学問分野を構築したことに功績があるといわれている。

貨幣は一般的等価物なので、販売して貨幣を獲得する「命がけの飛躍」とちがって、その貨幣でただちに商品の購入をおこなう必要はない。その貨幣は貯蓄として退蔵されると、購買力としてあらわれることはない。

したがって、ケインズは、「富保有の欲求がたとえ事実上なんら経済的果実を生まない資産にふり向けられたとしても、それは経済的幸福を増進するのである」（ジョン・メイナード・ケインズ著、塩野谷祐一訳『雇用・利子・および貨幣の一般理論』東洋経済新報社、二〇〇三年、二一七頁）といい、「『地下に穴を掘ること』も、それが貯蓄の中から支払われるならば、雇用を増加させるだけでなく、有用な財貨およびサービスの実質国民分配分を増加させる」（同、二一八頁）という。

こうして、ケインズ経済学が登場することによって、政府は、市場の失敗にたいして、果敢に対応できる経済学的根拠をえることができたのである。

古典派経済学では、労働力の価値である賃金を引き上げるのは、あくまでも資本家である。労働の価値まで引き上げることが可能であるとすれば、それは資本家と労働者の力関係できまる。

したがって、政府が労働力の価値を上げるような政策をとってはならない。「見えざる手」にたいする冒とくだからであろう。

ところが、労働者がすさまじい搾取によって貧困のどん底に突き落とされるのも市場の失敗によるものだから、労働者福祉もある程度充実するようになった。福祉国家という概念が出てくるのもケインズ経済学が登場してからのことである。

一九二九年恐慌と経済運営の大転換

金本位制下で勃発したのが一九二九年世界恐慌である。この恐慌が史上最悪になったのは、プロセス・イノベーションによるアメリカの空前の活況と株式バブルが崩壊したからである。

また、一九二〇年代に金本位制に復帰したイギリスの支援のために、アメリカが金融緩和をおこなって、過剰流動性が発生したことも株式バブルをはげしいものにした。

したがって、ミルトン・フリードマンのいうように、アメリカの中央銀行が金融引き締めをおこなったので、深刻な恐慌となったというのは、ほぼ定説になっている感があるが、あまり正しくはないと思われる。

とはいえ、金本位制下で勃発したので、恐慌がさらにはげしいものとなったというのもまた事実である。

一九三一年にイギリスが金本位制から離脱すると、アメリカは、金流出をふせぐために、金融の引き締めを断行せざるをえなかった。大恐慌のときに金融を引き締めたら、恐慌がさらに悪化することはあきらかである。

資本主義諸国はすべて、大恐慌の過程で金本位制から離脱し、管理通貨制に移行した。これは、等価交換という経済取引の大原則を根底から否定するものである。価値を有するものと国家により強制通用力を付与されたとはいえ金の裏付けもなく価値をもたない紙幣と交換しようとするものだからである。これは、人類史とともに議論されてきた「交換の正義」という大原則を根本から突き崩すものである。

等価交換ではないということは、相手に価値の低いものをわたして、価値のあるものを受け取るというものである。これは、「詐欺瞞着」にほかならない。それでは、経済取引が成立しない。

ところが、一九二九年世界恐慌に遭遇して、人類は、この大原則をいともかんたんに放棄した。経済の大原則をくずさなければならないほどの未曾有の大恐慌だったのである。

国家主権のおよぶところでは、「価値」のない紙幣を喜んで受け取るというなんともおかしな取引に、だれもがなんの疑問ももたないという管理通貨制への移行によって、資本主義は延命することができた。

金本位制の下では、金との交換（兌換）を約束する銀行券を発行しすぎると、銀行券の価値が低下し、金との兌換にひとびとが殺到する。金の価値は「不変」だからである。したがって、通貨供給量は、実体経済に必要とされる範囲に制限される。

ところが、管理通貨制に移行すると、金流出の恐れや金との兌換の必要がないので、市場に大量の通貨を供給できるようになった。

政府は、景気が落ち込むと財政出動をおこなって、景気のテコ入れをし、中央銀行も金融機関にたいして大量の流動性を供給して、恐慌の勃発をおさえることができるようになった。その経済学的な根拠はケインズ経済学であった。

銀行・証券分離と預金保険制度

一九二九年世界恐慌が終息するとアメリカでは、恐慌回避策として、銀行・証券分離政策と預金保険制度が導入された。

一九三三年に「グラス・スティーガル法」が制定され、株式バブルをあおった銀行に証券業務をおこなうことが禁止された。大恐慌後、一九九〇年代末までアメリカで株式バブルや資産バブルが発生しなかったのは、世界戦争の継続、ハイテク・イノベーションの進行とともに、銀行・証券分離政策が採用されたおかげでもある。

預金保険制度の創設は、銀行恐慌の勃発を防止するのにおおいに役立った。

銀行というのは、預金を一気に引き出そうとして、預金者が殺到する取り付け（バンク・ラン）にあうと倒産する。

銀行は、自分の金庫に現金をいれておいても利子がつかないので、最大限運用している。したがって、突然の預金の払い戻しには、資産を売却しないとおうじられないが、かんたんに資産を売却できず、シャッターを閉めざるをえない。これが銀行恐慌である。

したがって、経営が悪化したわけでもないのに、倒産した銀行から資金を回収できずに、経営危機におちいり、取り付けが殺到したばあいには、中央銀行が緊急融資をおこなう。これが中央銀行の「最後の貸し手機能」といわれるものである。

経営危機におちいったわけではないので、取り付けがおさまると、預金はもどってくる。そうすると、緊急融資をうけた資金を中央銀行に返済できる。

「最後の貸し手機能」は、一九二九年世界恐慌のような世界を巻き込む大恐慌のときの銀行恐慌にはあまり役に立たなかったが、支払い決済システムの崩壊をふせぎ、深刻な銀行恐慌を回避する役割をある程度ははたしてきた。

銀行が倒産すると預金が返済されることはあまりない。預金は、銀行にとっては負債なので、倒産して資産を処理して、労働者の給料や退職金、優先順位の高い負債を返済した後で、資産がのこっていれば、預金額に案分して返済される。大恐慌のときには、ほとんど預金の返済はおこなわれなかったし、返済されたとしてもごくわずかであった。

したがって、未曾有の大恐慌が終息すると、銀行の取り付けや銀行恐慌を防止するため、預金の返済を「保証」する制度が完備されることになった。それが預金保険制度である。

預金保険制度は、預金額におうじて保険料を徴収し、銀行が倒産したばあい、一定額（日本では一〇〇〇万円）までの預金額相当分を保険金として支払う（保証）というものである。預金保険制度の完備のおかげで、銀行への取り付けによって勃発する銀行恐慌が発生しなくなった。

もちろん、中央銀行が銀行に大規模に流動性を供給することができるようになったことも、銀行恐慌を防止するのにおおきな役割をはたしている。

財政出動と資産バブルで恐慌消滅

一九二九年世界恐慌を契機にして、管理通貨制への移行、中央銀行の恐慌対策のための金融政策、ケインズ経済学の登場、預金保険制度の創設などによって、ひとびとの「悲願」であった恐慌の「克服」にとりあえず成功した。

しかし、じつは、たんに恐慌の形態が変化したにすぎなかった。市場経済が依然として機能している以上、景気循環からのがれることはできないからである。

というよりも、恐慌の勃発をおさえることができるようになったので、恐慌の機能である衰退産業の退出・成長産業の登場、企業の生産性の向上、イノベーションなどが推進されなくなってしまった。

恐慌は、供給水準が需要水準をはるかに上回ったばあい、それを反転させるために勃発する。すなわち、企業倒産が続発して、暴力的に過剰設備を廃棄させ、供給水準を冷え込んだ需要水準まで強制的に引き下げる。金本位制までは、この経済的強制力に対抗することはできなかった。

ところが、管理通貨制に移行すると、政府による大規模な財政出動や中央銀行による流動性供給などができるようになったので、逆に、需要水準を供給水準まで引き上げることが可能となった。銀行が倒産しそうになると中央銀行は、緊急融資をおこなって救済することもある。

こうして、恐慌の勃発をおさえることができるようになった。ところが、恐慌の本来の機能がはたらかなくなったので、さまざまな弊害が生ずる。

政府が財政資金で需要を喚起し、中央銀行は超低金利政策をつづけるので、恐慌以前の時代遅れとなった衰退産業や経営体質の弱い企業でも生き延びることができ、温存される。低金利であれば、利潤率が低くても生き延びることができるからである。

おしなべて、衰退産業には政治力があるので、成長産業の育成を阻害する傾向がある。政治家も衰退産業の退出政策をとることはない。企業倒産が続出し、失業者が街にあふれ選挙で敗北するからである。

本来は、恐慌期には、金利が上昇するので、企業は、利潤率の高い成長産業を必死に探し求めるが、そのインセンティブもわかない。恐慌が消滅すると成長産業の育成が遅々としてすすまないのは、そのためである。

金融セクターが実体経済の成長を主導できなくなると、経済の長期停滞、長期不況にみまわれる。これがまさに二一世紀初頭大不況なのである。

あらたな経済の成長軌道が整備されない以上、新規設備投資はおこなわれない。既存設備の更新投資であれば、経済は成長しない。

したがって、財政出動をおこなって、供給水準を維持しつづけなければならないので、財政赤字だけが膨れ上がる。財政危機が深刻化すると、今度は、中央銀行が全面出動する。

需要水準を供給水準まで引き上げて恐慌を消滅させるには、政府の財政出動のほかに、金融セクターを肥大化させる方策がある。

金融商品価格が上昇することで、金融収益が増加すれば、消費（需要）が拡大し、経済が成長する。財政出動によるものとちがって、金融セクターは、いちじるしく肥大化していくからである。その行き着くさきは資産バブルである。

日米欧の資産バブルをみるまでもなく、景気が高揚するのはそのためである。

第三章　金融セクターが主導する経済成長

それまでにないような繊維機械が大量に普及することによって産業革命が遂行され、その帰結として鉄道建設がおこなわれ、経済がいちじるしく成長した。一九世紀末大不況期には、独米において、電機や自動車などのプロダクト・イノベーションが進展した。

一九二九年世界恐慌は、実体経済が自立的・内在的に成長する時代に終止符を打った。国家が経済に大規模に介入すること、とりわけ世界戦争が長期にわたって継続することによって、ハイテク産業の創出・発展というプロダクト・イノベーションが進展し、実体経済の成長が促進された。ところが、ハイテク・イノベーションは、繊維工業や重化学工業にくらべると経済成長を促進するという点では、いささかダイナミックさにかけている。

第二次大戦後の世界経済の成長をささえたのは、米ドルに金の裏付けをあたえたＩＭＦ（国際通貨基金）体制であった。

この体制によって、アメリカが世界中にニュー・マネーを供給し、世界の需要を喚起し、世界的な経済成長を促進することが可能となった。ところが、世界に米ドルが過剰になるとドル危機が勃発し、世界経済の成長が減速してきた。

そこで、金融セクターが主導して実体経済を成長させるようになった。そうすると、金融が肥大化していったが、その帰結は、資産バブルの形成であった。

1　金融セクターの機能

(1) 商業信用と信用創造

生産と販売　資本主義において、みながほしがる商品（生産物）を生産すれば、すぐ売れる。そうすれば、売れ残りが出ないので、恐慌が勃発することはない。供給が需要を生み出すのであれば、これほどいいシステムはない。

生産物の革新であるプロセス・イノベーションがこれに該当する。しかし、これは、そんなにひんぱんにおこなわれるはずもない。とすれば、生産した商品が売れるというのは、「命がけの飛躍」である。したがって、ここで信用が介在する。たとえば、三ヶ月先に売上代金がはいるので、支払いはそのときであるが、生産をするので商品を現時点で売ってといわれたら、売却する。そのときに、支払い約束のために振り出されるのが、約束手形である。三ヶ月後に支払ってもらえるということを信用して販売するのである。

約束手形を受け取った生産者は、原材料などを購入できないので、本来であれば、三ヶ月間は生産を再開できない。それは、社会的な「空費」であり、損失である。生産者が利潤をえられないばかりか、労働者は、賃金の支払いをうけることもできない。

そこで、受け取った約束手形の受取人を原材料などの販売者に書き換える。これが裏書きである。そうすると、三ヶ月間、遊んでいる必要もなく、生産を再開し、利潤をあげることができる。

こうして、もしも、この約束手形が最初に振り出した生産者にもどると、一連の売買に貨幣は介在しない。約束手形が「貨幣」の役割をはたしたのである。

こうして、経済が成長していく。

手形割引と銀行信用

約束手形の金額がおなじで、取引関係のあるグループ内で転々流通するのであれば、約束手形は、事実上の「貨幣」の役割をはたす。

しかし、取引が拡大していくと、そうとばかりはいってられなくなる。となると、約束手形は、「貨幣」の役割をはたせなくなる。約束手形での支払いを拒否するところが出てくる可能性があるからである。

受け取りを拒否されれば、生産工程の継続ができなくなってしまう。そこで、約束手形を受け取った生産者は、手形を銀行に持ち込む。銀行は、三ヶ月後に支払いをうける手形であれば、三ヶ月分の金利を差し引いて、生産者に代金を支払う。これが手形割引である。

生産者は、三ヶ月間、生産を休んだばあいの利潤よりも、支払い金利額が少なければ、約束手形を銀行に持ち込む。

こうして、銀行が介在することで、生産者は、生産を継続させて、利潤を獲得することができる。経済成長に銀行が重要な役割をはたしているのである。

銀行の支払い・決済システム

生産者（企業）が生産活動をおこなううえで、購入代金を支払い、売却代金を受け取る。ところが、このような貨幣取扱業務を生産者がおこなうと、膨大なコストがかかる。したがって、貨幣取扱業務を銀行に委託することによって、生産者は、生産活動に特化することができるので、利潤の拡大に専念できる。

生産者は、取引銀行に当座預金口座を開設し、生産・販売にさいしての支払い・決済をおこなう。銀行に支払い・決済用の小切手を発行してもらう。

購入代金を小切手でわたすと、購入者は、自分の取引銀行に開設している当座預金勘定から購入代金が引き落とされる。売却代金を小切手で受け取ったばあい、売却者は、小切手を銀行に持ち込んで、自分の当座預金勘定に振り込んでもらう。

銀行間の支払い・決済は、それぞれの銀行が中央銀行に開設した当座預金勘定をつうじておこなう。

信用創造

銀行のおおきな特徴は、預金を受け入れるところにある。預金を受け入れることによって、あらたに信用を作り出すことができるからである。

銀行は、たとえば一〇〇億円を預金として受け入れる（本源的預金という）と、すべてがすぐに引き出されることはないので、一部を準備金（たとえば一〇％）としてのこして、貸し出すことができる。貸出は、貸出先が銀行に設定した当座預金口座に預金として記載されるだけである。

この預金もただちにすべて引き出されるわけではないので、一部を準備金（たとえば一〇％）としてのこして貸し出す、すなわち信用を供与する。

これを繰り返していくと、本源的預金一〇〇億円は、一〇〇〇億円にふえる。一〇〇億円を受け入れることで、あらたに九〇〇億円（派生的預金という）を作り出すことができる。これが信用創造である。

もちろん、預金設定による貸出を繰り返すと最後のほうの預金は小さくなるので、九〇〇億円の信用創造はできないが、一〇〇億円の本源的預金を受け入れることで一〇倍ちかくの貸出をおこなうことができる。

貸出をおこなうものの、預金を受け入れることのできないノンバンクには、信用創造機能をはたすことはできない。

貸出原資は預金ではなく、銀行からの借り入れとか社債の発行などだからである。貸出を預金設定によってはできないので、調達した資金以上の貸し出しはできないのである。

シュンペーターは、「信用の供与はその限りにおいて購買力の創造を意味し、また新しく創造された購買力は企業者に対して信用を供与することに役立つ」（ヨゼフ・A・シュンペーター著、塩野谷祐一・中山伊知郎・東畑精一訳『経済発展の理論（上）』岩波文庫、二〇〇三年、二七二頁）という。「信用とは本質的には企業者に譲渡する目的でなされる購買力創造であって」、こうしてはじめて「経済発展が遂行され、単なる循環の域を脱するのである」（同、二七三頁）。

信用創造によって企業者により多くの貸し出しがおこなわれ、経済が発展していく。このように、銀行は、支払い・決済と信用創造という独自の機能を発揮することで、企業が利潤を拡大し、経済が発展していくのを促進する役割をはたすのである。

（2）株式市場とデリバティブ取引

株式会社制度の活用

資本主義経済が発展していくうえで、利潤を再投資する企業の拡大再生産や銀行の信用創造による信用供与だけでは不十分である。

繊維工業から重化学工業に転化するには、自由競争段階とはくらべものにならないくらい大規模な資本が必要であった。これを銀行の信用創造だけでまかなうことはむずかしくなってきた。

それは、ひとつは、銀行の業務は、短期金融や支払い・決済が中心なので、本来は、長期資金である設備投資資金を供給できないからである。設備投資資金は長期にわたって企業に固定されるとともに、企業が長期にわたって十分な利潤をあげられるのかというリスクをともなうからである。

もうひとつは、信用創造の規模というのは、資本規模の拡大に追い付かないことだけでなく、貸出資金は、企業にとって負債であり、コストとなることである。

そこで、少額の資金を広く浅くあつめると、大規模な資金となり、しかも、他人から受け入れた資本でありながら、自己資本とすることのできる株式会社制度が一九世紀末に大規模に普及した。最初の株式会社は、オランダの東インド会社といわれているが、その後、株主の有限責任制と株式の譲渡性がみとめられることで、近代株式会社制度が確立した。

この株式会社制度を活用することができなければ、資本主義は、重化学工業の段階に到達することができなかったかもしれない。

株式会社が発行する株式の価格は、その会社が多くの利潤をあげて、配当を増やせば上昇する。そうすると、あらたに株式を発行（増資）するばあいには、高く売れるので、より多くの資金を調達できる。

株価が上昇するということは、経営状態がよく、利潤をあげているということなので、増資によってさらに多くの資金を調達することができれば、業務の拡大が可能となる。

こうして、株式会社制度の普及によって、資本主義経済がいちじるしく発展してきたのである。

資本主義経済が成長し、経済取引が拡大すると、さまざまなリスクをヘッジする手段が必要となってきた。

デリバティブ取引の拡大

一九七〇年代初頭に、それまでの外国為替相場が固定相場制から変動相場制に移行すると、為替変動リスクがあらたに発生した。円高になると輸出企業には、為替差損が発生し、経営が圧迫される。そこで、外国為替取引に先物取引の手法が導入された。一定期間後の為替相場を予想して、現時点で売買するのが通貨先物取引である。

一定期間後の為替相場が確定し、その価格でそのときに外国為替を購入できれば、その為替相場にもとづいて、経営計画を立案することができるので、突然の円高などのリスクに対応することができる。

国際的な実物取引や金融取引のリスクをヘッジする手段は、オプション取引、スワップ取引などさまざまなものが開発された。これらは、為替や金融商品などを元資産として取引がおこなわれるので、デリバティブ（金融派生商品）取引といわれる。

金融商品の価格変動リスクにそなえたＣＤＳ（クレジット・デフォルト・スワップ）という金融商品も登場した。これは、保険料（プレミアムという）を支払って、国債などの価格が下落し、損失をこうむったばあい、その損失分を補填してもらうという一種の保険商品である。

このように、リスクをヘッジするためのデリバティブ取引が活発になってきた。そのことによって、実体経済の取引だけでなく金融取引もさらに活発化することになった。

(3) 中央銀行のはたす役割

中央銀行の登場

銀行券というのは、資本主義の成立当初、各銀行が発行していた。銀行は、貨幣である金準備をもとにして、独自の銀行券を発行し、それを貸し付けて、取引先企業の支払い・決済をおこなっていた。

その銀行券は、銀行の金準備を裏付けとしたもので、いつでも要求があれば金をわたす約束をしていたので、信用貨幣であった。ところが、経済が成長していくと、企業との取引関係にある銀行も多岐にわたるようになった。そうすると、企業によっては、取引関係のない銀行券での支払いがおこなわれるようになった。

そこで、銀行券による支払い・決済がより円滑におこなわれるように、銀行券の発行がひとつの銀行に集中するようになった。これが中央銀行である。

中央銀行が設立されるようになると、銀行間の支払い・決済は、それぞれの銀行が中央銀行に開設した当座預金勘定でおこなわれるようになった。このようにして、企業の支払い・決済がより円滑になされるようになった。

中央銀行には、銀行恐慌の発現をおさえるための「最後の貸し手機能」という重要な機能がある。中央銀行は、景気が過熱すると金融引き締めをおこなう。景気が過熱すればするほど、その反動がおおきくなり、経済に悪影響をあたえるからである。

プロダクト・イノベーションやプロセス・イノベーションがすすみ、経済が発展しつつあるときには、中央銀行は、金融緩和をおこなって、銀行の貸出金利を引き下げる。市場に流動性を供給して、経済の成長をはかる。成長産業に資金供給をおこなって、その成長をサポートする。

しかし、あくまでも、経済成長をサポートする役割をはたすことができるだけであって、国内総生産（GDP）を増加させて、経済そのものを成長させるとか、雇用を確保するとかはできない。

このような機能だけであれば、かならずしも中央銀行は、必要ではない。全国的な大銀行であれば、その機能をはたすことができるからである。

国際金融市場で中央銀行がなくても、国際的支払い・決済をアメリカの大銀行がおこなっているように、国内の大銀行が支払い・決済をおこなうことができる。全国的な大銀行が銀行券を発行すれば、支払い・決済にはさほど支障はない。

景気が高揚しすぎれば、深刻な恐慌が勃発するが、そうであればあるほど、経済があらたな段階に移行するので、中央銀行が早めに引き締めをおこなうことは、かえって逆効果になるかもしれない。

中央銀行が不可欠となるのは、金本位制から管理通貨制に移行してからのことである。管理通貨制に移行するとインフレ政策が可能となるからである。

物価の安定

インフレというのは、通貨（金との兌換を断たれた不換銀行券）が経済取引に必要とされる量をはるかに超えて発行されることによって発生する。物価が安定しているということは、経済取引の規模に通貨発行量が適合しているということである。

中央銀行の金融政策でとりわけむずかしいことは、この経済取引の適正規模がどの程度なのか、イノベーションなどによる拡大基調なのか、加熱気味なのかを最大限正確にみきわめることである。

したがって、管理通貨制下では、中央銀行の唯一の使命は、経済実態をより正確に把握し、通貨供給量の増減を調整して、物価を安定させるということになる。しかしながら、中央銀行が物価の安定の金融政策を遂行するのは、かなりむずかしい。

政府や政治家が中央銀行に政治的圧力をかけて、より多くの通貨を供給させて、需要を生み出し、景気の高揚や雇用の拡大などを要求するからである。もちろん、インフレ（資産インフレをふくめ）やデフレが発生する懸念がなければ、中央銀行は、積極的に政府や政治家に協力する。

ところが、政府や政治家が中央銀行に政治的圧力をかけるのは、おしなべて、景気の悪いときである。景気を回復させることができるのは、成長戦略の策定・実行のほか、政府による財政政策などである。しかし、政府の政策が手詰まりになると、中央銀行に通貨を増発させて、景気の高揚をはかるように圧力をかける。

それは、あくまでも中央銀行から通貨があらたに出ていくことで生み出された需要にすぎない。経済が成長するために、通貨が必要なのではなく、あらたに通貨が発行されたぶんが需要としてあらわれるだけなので、通貨を発行しつづけなければならない。

結局は、通貨が過剰になるだけである。こうして、インフレを招来してしまう。

中央銀行が政府や政治家から独立して、金融政策を遂行しなければならないのは、インフレの高進をふせぐためである。インフレは、通貨の過剰発行で発生するので、インフレの阻止というのは、通貨の発行体である中央銀行にしかできない仕事である。

したがって、政府や政治家のいうことをきかない中央銀行総裁を政府が解任するという規定などを中央銀行法にいれてはならないのである。

インフレを高進させないために、多くの国で中央銀行による国債の直接引き受けを禁止しているのもそのためである。

国民の金融資産価値を擁護し、支払い・決済や経済取引を円滑にすすめるための大前提は、通貨の価値が安定しているということである。中央銀行による物価安定の金融政策というのは、管理通貨制下では、きわめて重要な使命なのである。

2　金融セクター主導の成長

（1）「金融化」と金融の不安定性

経済の「金融化」　現代資本主義の特徴は、経済の「金融化」（financialization）に特徴的にあらわれている。「金融化」は、一九八〇年代以降、さまざまな経済活動で、金融市場や金融機関の重要性や影響力が異常に高まっている現象をしめしている。

それは、つぎのようなものである（高田太久吉「『経済の金融化』は資本主義をどこに導くか」『経済』二〇〇八年八月号）。

①生産設備や住宅などの実物資産にくらべて預金、投資信託、証券などの金融資産の蓄積が急速にすすんでいる。さらに、財・サービスの取引とくらべて、金融取引の規模が桁違いにおおきくなっている。

②金融資産の取引をおこなう金融資本の利益が、企業の利益よりも急速に増大している。
③企業の活動でも、生産や流通などの本業とくらべて資金の調達・運用など金融財務活動の重要性が高まり、金融活動でおおきな収益をあげる企業が増加してきている。
④企業や家計の活動が金融市場、とりわけ証券市場の動向におおきく影響をうけるようになってきた。

このような「金融化」について、新自由主義批判で知られるデヴィッド・ハーヴェイは、つぎのようにきびしく批判している（デヴィッド・ハーヴェイ著、渡辺治監訳『新自由主義』作品社、二〇〇七年、二二四頁）。

「規制緩和によって、金融システムは、投機、略奪、詐欺、窃盗を通じた再分配活動の中心の一つになった。組織的な株価操作、ネズミ講型投資信託、インフレによる大規模な資産破壊、合併・買収（M&A）を通じた資産の強奪、先進資本主義諸国でさえ全国民が債務奴隷に追い込まれるほどの額の債務を支払わせること、そして言うまでもなく、会社ぐるみの詐欺行為や信用と株価操作による資産の略奪（年金基金の横領と、株価暴落や企業倒産によるその多くの破壊）。これらすべてが、資本主義的金融システムの中心的な特徴となった」。

「債務経済」化の進展

このような経済の「金融化」の背景には、「債務（負債）経済」化の進展がある（曺貞煥著／金闇愛訳「世界資本主義の危機と代案をめぐる葛藤」『現代思想』二

○一二年二月号)。

資本主義の発展につれて、労働者の搾取の対象はその肉体労働だけでなく、感覚、感情、知性、疎通、判断、想像、意志、決定など、広義の認知活動、すなわち生命活動そのものへの搾取に広げられた。その結果、搾取は、現実的な「社会的労働時間」を超えて、潜在的なレベルの類的時間、すなわち生の時間も対象とされる。それは具体的に負債としてあらわれる。

世界金融危機は、金融資本の損失を国民に転嫁させる過程で発生した。それは、損失にたいする償還責任をおうべき債務者として、国民にその責任を負わせるということを意味している。

ひとびとは、住宅ローン、自動車や学費ローン、クレジットカードなどで債務者とされている。さらに、景気の低迷と財政危機で、賃金の切り下げと福祉の切り下げと増税で、ひとびとは、国家レベルでの債務償還の責任を負わされる。

認知資本主義は、認知化された労働を価値化し、その価値化の手段は「金融化」からあたえられる。「経済の金融化」をつうじて、地代(手数料)が搾取の重要なカテゴリーとして台頭するが、このプロセスで利潤と賃金まで地代の性格をもつようになる。

資本主義的支配は、負債という抽象的で脱領土化された領域に位置をかえ、階級闘争は、財務道徳(信頼、償還責任、債務承認、良心の呵責、名誉、自尊心など)の強要・拒否をめぐる認知的な闘争に転化する。

金融資本は、地代(金融手数料)の獲得のためであれば、地球のはてはもちろん、宇宙やナノ(超微視的)世界のはてまで追いかけていくことをおしまない。

こうして、債権・債務関係は農産物、住宅、自動車のような物的な資産だけでなく、情報、技術、疎通、知識、信頼のような非物的な資産にまで広がっていく。

こうして、すべてのひとびとが金融資本に借金する債務者となる。国家は、企業と富裕層を救済するために、債務を増やすので、ひとびとが負債の奴隷となる。

他方、債権・債務関係は、新自由主義によって激化され極端化された。それは、ドルの債務（負債）貨幣化によるものである。

一九七一年の金ドル交換停止により、米ドルは金の裏付けを有する貨幣から、負債貨幣に転化した。ドルは、アメリカ政府が国民から将来、受け取る税金を担保として発行するが、連邦準備銀行（中央銀行）は、それを資産として、負債（連邦準備銀行の小切手であるドル）を創出する。債務貨幣のもとで債務は債権に転化する。

債務貨幣の体制によって、アメリカは国債、会社負債、個人負債を永遠に償還できなくなった。ドルが債務の表現であるかぎり、債務を償還するということは、ドルそのものの消滅を意味するからである。

したがって、アメリカの債務総額と利払いは増えつづけるしかない。経済成長で貨幣需要が増加すると、債務も自動的に増え、その速度もはやくなる。

金融の不安定性

ハイマン・ミンスキーは、資本主義経済は、内在的に金融不安定性を有しているという「金融不安定性仮説」を提唱した（奥村洋彦『現代日本経済論』東洋経済新報社、一九九九年）。

ミンスキーは、資本主義経済は、金融不安定性を内在させているが、その各経済主体の経済行動をとらえる基本的枠組みは、「その資産・負債構成、つまり、保有する実物資産、金融資産と金融債務の組み合わせ（ポートフォリオ）である」という（同、四九頁）。

そして、ミンスキーは、資金の借り手の金融ポジションを三つのパターンにわけて、各パターン間のシフトを重視する（ハイマン・ミンスキー著、吉野紀・浅田統一郎・内田和男訳『金融不安定性の経済学』多賀出版、一九八九年、二五五―二五七頁）。

ひとつは、ヘッジ金融である。この金融に従事する経済主体とその取引業者は、資本資産の操作、あるいは、自己で所有する金融証書にかんする金融契約がもたらすキャッシュ・フローが、現在と将来の支払い契約を上回ることが期待できる。これは、金融市場の諸変化の影響をうけない。

したがって、健全な資金繰りとなっている。商業銀行は、ヘッジ金融に従事する経済主体にはなりえない。

もうひとつは、投機的金融である。ここでは、資本資産の操作、あるいは、自己で所有する金融証書にかんする金融契約からえられるキャッシュ・フローが、典型的にはちかい将来、契約支払い額を下回ることが予想される。金融市場の諸変化に対応しなければならない。

投機的金融は、長期ポジションを獲得するための短期金融による資金調達をおこなう。したがって、商業銀行は、基本的に投機的金融組織である。

三っつ目は、ポンツィ金融である。

この金融に従事する経済主体とその取引業者は、資金の借り換え、負債の増加、あるいは余分な金融資産の処分によって、負債にたいする支払い契約を履行するための資金をえることを期待する。

たとえ、かならずしも詐欺を目的とするわけでなくても、ポンツィ金融は、しばしば常軌を逸した詐欺的な金融慣行と結び付いている。ちなみに、ポンツィというのは、かつてアメリカのボストンに住み「金融の魔法つかい」といわれた人物の名前である。

景気の高揚期には、ヘッジ金融から投機的金融へ、景気後退局面では、ヘッジ金融から投機的金融へ、投機的金融からポンツィ金融に移行しがちである。それは、つぎのようなことによるものである（ハイマン・ミンスキー著、岩佐代市訳『投資と金融』日本経済評論社、一九八八年、一〇〇-一〇一頁）。

「金融債務に関わる元本返済・利子支払いが滞りなく履行されるにつれて、銀行側もその顧客側も『債務による資金ファイナンス（debt finance）』の意欲を高める。貨幣を持つことで示される（不確実性に対する）保険の値うちは、経済が平穏に推移するにつれて低下する。過去に景気循環を経験し資本主義的金融機関が機能している現実の世界では、安定あるいは平穏なるが故に、不安定性が招来されるのである」。

こうして、投機的金融やポンツィ金融の状態を維持できなくなると、資金繰りために大量の保有資産の売却がおこなわれ、資産価格が崩落する。

金融危機の発生

チャールズ・P・キンドルバーガーは、ミンスキー・モデルをつかって、つぎのように金融危機の発生過程をあきらかにした（C・P・キンドルバーガー著、吉野俊彦・八木甫訳『金融恐慌は再来するか』日本経済新聞社、一九八〇年、奥村、前掲書、五八-六〇頁）。

第一のステージでは、マクロ経済システムにたいして、外生的なショックである「異変」（視界、期待、利潤機会、行動などをかえるような外的できごと）が発生し、一部の経済主体は、経済見通しの変更をもたらすような利潤機会の変更に遭遇して、「異例」の行動をとりはじめる。

第二のステージでは、経済活動がブームとなり、設備投資や金融投資の拡大がいつまでもつづくと錯覚されるなかで、金融取引が拡大する。ブーム期には、リスク管理が甘くなるので、銀行信用や通貨が膨張するからである。あらたな投資先も多く開発される。

第三のステージでは、実体経済とくらべて金融セクターが膨張するなかで、資産の過剰取引と投機が発生し、資産価格が高騰する。

投資が投資をよび、財や金融資産の転売がさかんにおこなわれるようになる。必要な取引資金も全額調達する必要がなく、信用取引や分割払い取引も横行する。

第四のステージでは、熱狂的な相場が出現し、泡沫投機（バブル）が発生する。あちこちで儲け話に花が咲くので、だれでも儲けられるという錯覚から、企業だけでなく、個人も大量に取引に参入する。正常で合理的行動は、熱狂やバブルにとってかわられる。

第五のステージは、資金需要がいちじるしく増大し、貨幣の流通速度や金利が上昇する。そうすると、企業などの資金繰りがくるしくなるので、資産価格の上昇がとまる。投機家は、実物資産や金融資産を一刻も早く売り抜けようとするので、資産価格は急落する。過剰取引をおこなった経済主体は、金融状況が悪化して倒産する。金融機関は、資産担保貸付をやめて、融資の回収をおこなう。大量の不良債権をかかえた金融機関は倒産する。

第六のステージでは、財政当局や金融当局が、金融不安定性は市場経済に内在すると判断して、マクロとミクロの両面で抜本的対策をとらないと、急激な反動と金融収縮のなかで金融危機におちいる。

(2) 金融肥大化による成長

信用創造と貨幣の流通速度の上昇

銀行の信用創造機能は、実体経済の成長につかわれるものであるが、日本やスペインなどで発生した資産（不動産）バブルは、銀行がこの機能を利用して、膨大な貸し付けを不動産投機や不動産転がしのために、フル動員したことで発生した。

ただし、銀行の信用創造で生み出される信用には、おのずと限界がある。不動産価格が暴騰したのは、銀行による信用創造を前提として、貨幣の流通速度が上昇したことによるものである。

一〇〇億円の資金を一年間貸し付けたら、一〇〇億円の一年間の流通速度は一回である。ところが、一〇〇億円の貸付資金が半年で返済され、その返済資金をふたたび貸し付けて、半年で返済されると、貨幣の一年間の流通速度は二倍になったことになる。

貸付資金が実体経済に投入されると、貸付項目でおのずと流通速度はきまっている。三ヶ月後の支払い約束の手形割引であれば、流通速度は、年四回ということになる。通常は、これが年五回や六回になることはない。生産期間や販売期間は、そうかんたんに途中でかわらないからである。

ところが、不動産バブル期には、ほんらいは実物資産であるはずの土地などの不動産が金融資産として活発に取引された。

実物資産なので、本来は、不動産価格は収益還元法（テナント料などによって計算）によって算出できる。

ところが、不動産バブル期には、値上がり益、すなわちキャピタル・ゲインねらいの取引が中心となるので、収益還元法ではとうてい投資できないところまで地価が高騰する。

不動産バブルがはげしくなると、とにかく売り抜けようとするので、短期売買が繰り返される。銀行借り入れで不動産投機がおこなわれるので、貨幣の流通速度はいちじるしく上昇する。銀行は、ますます多くの資金を貸し付けるので、不動産価格がさらに高騰する。

不動産価格が上昇したぶんは、売却することによって、儲けることができる。不動産価格が上昇することによる上昇分は、信用創造と経済的には質的におなじことである。

不動産投機での儲けのうちかなりの部分は、消費としてあらわれる。だから、つぎの投機資金はまた銀行融資でまかなわれる。不動産バブルが発生すると消費が拡大するのはそのためである。

日本やスペインなどの不動産バブルは、銀行の信用創造機能と貨幣の流通速度の上昇によるものであった。ところが、アメリカの住宅バブ

「信用創造」としての証券化

ルは、住宅ローンの証券化という、ある種の「信用創造」によって形成されたということができる。

日本などであれば、住宅ローンは、銀行などが貸し付けて、二〇年や三〇年にわたって元利が返済される。住宅ローンは、銀行の資産として長期に固定される。

したがって、すべての銀行の預金が五〇〇兆円だとすれば、住宅ローンの供与限度額はここが限界である。もちろん、住宅所有者が住宅をひんぱんに売買すれば、そのかぎりではない。

ところが、供与した住宅ローン債権を売却すれば、供与した住宅ローン資金が環流するので、この資金を住宅ローンとしてまた貸し付けることができる。アメリカでは、住宅ローン債権は、通常、住宅ロー

ン担保証券（ＭＢＳ）として売却される。

したがって、住宅ローンをどんどん貸し付けて、その債権を証券化して資金を回収すれば、いくらでも住宅ローンを貸し付けることができる。そのかぎりでは、「信用創造」の一種ということができる。ただ、最大で十倍貸し付けられるというほんらいの信用創造とちがって、理論的には、無限に貸し付け・回収できるところにおおきな特徴がある。

この証券化手法をつかえば、新期の住宅ローンをどんどん貸し付けることができるので、住宅価格は、ますます上昇していく。値上がりしたところで売却すれば、キャピタル・ゲインを獲得できる。これが、消費にまわり、景気がますます高揚していく。

この「信用創造」の限界は、新規の住宅ローンの借り手がいなくなると、住宅価格の上昇が頭打ちになることである。したがって、「所得も、資産も、収入もない借り手（ＮＩＮＪＡ）」にまで、新規ローンが貸し付けられた。しかし、おのずと限界があった。

そもそも、いくらでも貸し付けることができるというのは、おかしなことである。「収益還元逓減の法則」がはたらくのがあたりまえだからである。新規融資を増やしていけば、信用力の低い借り手にまで貸し出さなければならない。

そのような住宅ローンを証券化しても、順調に消化できるはずもない。

証券化が「信用創造」であるという大前提は、住宅ローンの証券化商品が売れつづけるということである。

住宅ローンの特徴は、優良な借り手が存在するところまでしか貸し出できず、証券化商品もそれを超えたら売れないということにある。しかし、リスクの高い借り手に供与した住宅ローン（サブプライム・ローン）まで組み込んだ証券化商品を、金融「工学」を「悪用」して安全な金融資産に生まれかわらせて、世界中に売りさばかれた。

「信用創造」の限界をはるかに超えて、膨大な住宅ローンが供与されたのである。住宅バブル期だったからなのであろう。

株主資本主義

株式会社制度は、大規模な資本規模の企業を設立するさいに、自己資本として、広く、浅く資金をあつめられるので、きわめて有効な会社制度である。株式会社制度が活用されることによって、重化学工業の生産力段階に到達することができた。

しかしながら、本来は、実体経済の成長に役立つはずの株式会社制度が、一九九〇年代にはいるとアメリカを中心に、金儲けの手段として「悪用」されるようになった。

「会社は株主だけのものである」という考え方で、取締役会は、とことん利益をあげ、株主により多く配当して、株価を引き上げることを強制された。

しかも、役員だけでなく、従業員にもストック・オプション（一定期間後に事前に設定された価格で自社株を購入することができる権利）が割り当てられたので、株主だけでなく、従業員にも株価引き上げのインセンティブがあたえられた。ここで、いわば「労使運命共同体」ともいうべきものが構築された。

自社株の株価を引き上げると、より少ない株式で多くの会社を株式交換で買収できるようになった。そこで、株式が事実上「貨幣」の役割をはたすことができるようになった。

株価を引き上げる高株価経営をおこなえば、「貨幣」を増殖させることが可能となった。低コストで多くの企業を買収できれば、膨大な配当収入もころがりこむ。

一株一〇〇〇円の企業が、一株一〇〇円の買収する会社の株主と株式交換をおこなうときには、買収する会社の一株を交換するのに〇・一株必要であるが、株価が上昇して一株二〇〇〇円になれば、〇・〇五株と半分ですむ。こうして、より多くの企業を買収できる。

とことん利益をあげて、配当を増やすと株主のインカム・ゲインが増加するし、株価が引き上げられれば、株式を高く売却できるのでキャピタル・ゲインも膨大なものになる。

こうして、巨額の金融収益を獲得できる。事業会社は、実体経済主導型の経済成長が終了すると、より多くの利潤をもとめて、金融セクターに大挙して参入した。

株式投資に必要とされる設備は、実体経済の設備投資にくらべるとはるかに少ないので、参入しやすいからである。設備が少なければ、実体経済とくらべて利潤率はかなり高い。

しかも、事業会社は、ほとんど株式会社形態をとっているので、利益を金融市場で投資して金融収益をあげれば、自社の株価は上昇する。株価を引き上げて増資すれば、より多くの資金を調達できる。それを投資すればさらに金融収益を獲得できる。

こうして金融が肥大化するとともに、株式会社の収益が増加していくことになった。

ファンド資本主義

現代資本主義は、ファンド資本主義ともいわれる。大口投資家から相対的に規模のおおきな資金をあつめて、あちこちに投資して、より多くの収益をあげて、投資家になるべく多く配分するのが投資ファンドである。少数の大口投資家から資金をあつめるので、経営や資産運用にかんする情報を開示する義務もない。

投資ファンドが傍若無人な投機行動をとれるのは、そのためである。大規模な投資資金をかかえる投資ファンドは、相場をうごかすことができる。そうするとかなりの利潤を確保できる。

企業が多くの内部留保をかかえているのに、株価が相対的に割安であれば、株式公開買い付け（TOB）をかけて株式の過半数を取得する。経営権を取得すると、利益処分の決議もできるので、利益を配当として吐き出させれば、株価が上昇する。そこで売却すれば、膨大な金融収益を確保できる。

投資ファンドは、投資した株式会社の経営にも積極的に関与する。より利益をあげさせるためである。株価なども割安であれば、株式を大量に購入し、相場を引き上げる。そうすると個人投資家も買いにはいる。十分利益が出たと判断したときに、早めに売却すれば、かなりのキャピタル・ゲインを取得することができる。

石油などの商品市場は、国際金融市場とくらべるとはるかに小規模である。天変地異や資源国の政情不安、新興国の台頭など価格が上昇すると見込めば、事前に大量に購入しておく。しかる後に、価格が上昇したときに売却すれば、ここでもかなりの利益を手にいれられる。

外国為替取引規模は、一日でなんと三〇〇兆円あまりである。そのうち九五％は為替価格差で儲けようとする、投機取引である。為替取引で儲けるのは、そうかんたんではないが、ここでも大規模な金融収益が追求される。

デリバティブ取引の急拡大

金融先物取引やオプション取引やスワップ取引などデリバティブ市場の規模は、想定元本で年間四～五京円ともいわれている。

たとえば、金融先物取引は、小さな元本（資金）で大きな取引をおこなうことができる。外国為替売買も数倍の規模の為替取引をおこなうことができる。

一九九七年に発生したタイの通貨危機のように、大量のタイ・バーツの売り浴びせにあうと、タイの中央銀行は通貨バーツを買いささえられず、暴落した。その結果、タイ経済は壊滅的打撃をうけた。投機筋は、バーツを借りて売っているので、暴落したところで、買い戻せば膨大な利益を獲得できる。為替投機には、たいていはデリバティブ取引が利用される。

デリバティブ取引は、本来、保有金融資産のリスク・ヘッジなどのためにおこなわれる。しかし、相対取引なので、賭けとおなじで、すべてヘッジ取引をもとめると取引は成立しない。相場観のことなる投機取引をおこなう参加者が必要なのである。

デリバティブは、金融派生商品とよばれるが、それは、通貨や証券などの現物がもとになっている。デリバティブ取引急拡大の典型的事例は、CDS（クレジット・デフォルト・スワップ）である。金融商品の価格低下による損失を補填してもらえるのがCDSであるが、資産バブル期には、世界のGDP総額を上回る七〇〇〇兆円の規模にまで膨れ上がった。

それは、保有金融商品のリスク・ヘッジのためではなく、たとえば、ギリシャ国債を賭けの対象にするとかである。賭けの対象であれば、実体経済にまったく拘束されず、いくらでもふくらんでいく。その帰結が七〇〇〇兆円である。

こうして、欧米の金融バブル期には、金融セクターは、数京円の規模にまで膨れ上がった。まさに、金融資産インフレ、金融バブルであった。

金融資本による新金融商品開発

日本やスペインの不動産バブルは、銀行による莫大な融資によって発生した。ところが、アメリカの住宅・金融資産バブルは、金融「工学」を駆使して、さまざまな金融商品が組成され、それが世界的に販売されることで発生した。

住宅バブルは、新規の住宅ローンが大規模に供与されて、すさまじい新規住宅需要があらわれて発生した。日本やスペインなどは、もっぱら銀行がローンを提供したので、住宅バブル崩壊で銀行が膨大な不良債権（約定どおりに返済されない貸付）をかかえて、銀行危機におちいった。

しかし、アメリカでは、貸し付けられた住宅ローンは、証券化して売却されたので、資産バブルが崩壊しても、証券化商品を購入した投資家が損失をこうむるだけである。そのばあいには、経済や景気には、あまり影響をあたえない。

アメリカの住宅バブル期には、サブプライム・ローンという信用力の低い借り手に供与された住宅ローンを組み込んだ証券化商品が世界に売却された。このローンは、金融「工学」を駆使することでなぜか信用力が最上級のトリプルAの格付けをえられる金融商品に生まれ変わった。格付け会社もそのお墨付きをあたえた。

アメリカの住宅ローン規模は、一〇〇〇兆円程度なので、住宅ローン担保証券はここが上限になるはずである。ところが、数千兆円規模の住宅ローン担保関連証券が世界中に販売された。これが資産（住宅）バブルを生み出した。

金融資本は、より多くの利潤を獲得するために、さまざまな証券化商品を組成し、売りさばいて手数料獲得にはしった。既存の証券や組成された証券化商品などをあつめて、べつの証券化商品を組成していった。こうして、証券化商品規模が膨れ上がっていったのである。

金融資本は、証券化商品の組成で膨大な手数料収入を獲得するだけでは満足しなかった。格付け会社がトリプルAをつけた証券化商品でも、金利がかなり高かったので、みずからも保有した。金融資本としては、とうぜんのことであろう。そうすると、投資家は、売り手も買っているのだと信用して、さらに多くの証券化商品に投資した。

「ローリスク・ハイリターン」という市場経済が機能している世界ではありえないことが、実際におこったのである。資産バブルというゆえんである。

資産バブルで経済成長

実体経済が主導する経済成長ができなくなると、今度は、金融セクターが実体経済の成長を主導するようになった。さまざまな金融技術の開発もあって、金融肥大化がおおきく進展するようになったからである（図3-1参照）。

実体経済での恐慌の勃発をおさえようとすれば、財政出動により、冷え込んだ需要水準を膨れ上がった供給水準にまで引き上げなければならない。事実、一九二九年世界恐慌後に管理通貨制に移行すると、財政出動で恐慌の勃発を抑え込むことに成功した。

戦後は、冷戦下で資本主義世界へのドル供給とハイテク技術革新である程度は、経済が成長した。一九七〇年代にはいると不況とインフレが併存するスタグフレーションにみまわれた。そこで、ケインズ政策にかわって新自由主義的な経済政策がとられた。

一九九一年には、ソ連邦崩壊による冷戦の終結と欧州単一通貨（ユーロ）の導入が欧州首脳会議で合意された。そうすると、ドルの信認の確保のためにＩＴ革命が推進されるとともに、株式バブルによる経

図3-1　世界の金融（金融資産・金融市場）の規模

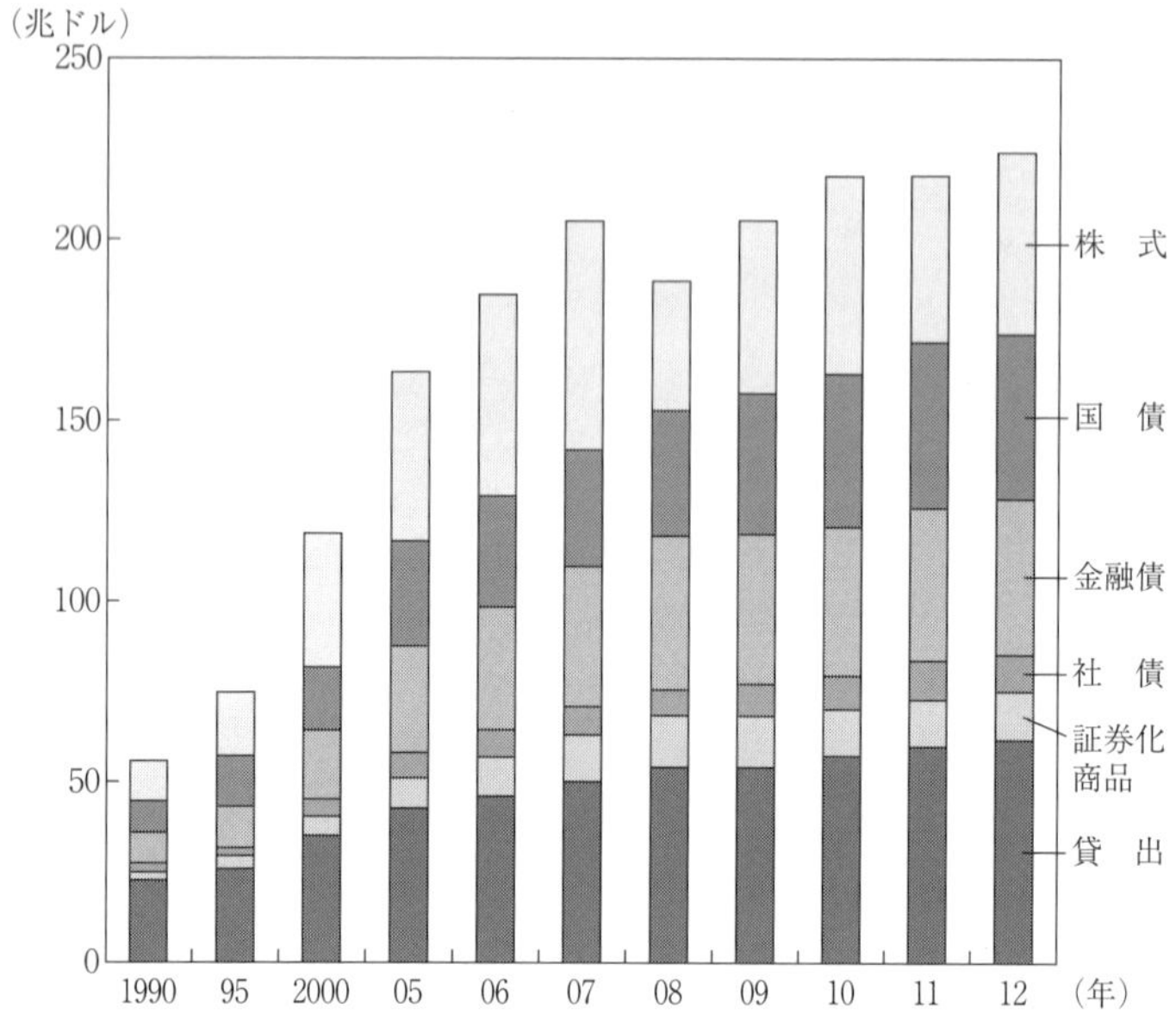

（注）　McKinsey Global Institute, "Financial Globalization: Retreat or reset?."
（出所）　内閣府。

済成長策が採用された。

一九九〇年代後半のアメリカでの株式バブルでは、個人消費が拡大した。個人金融資産のほぼ半分が株式関連金融商品だからである。

二〇〇〇年代にはいると住宅市場振興策がとられたこともあって、住宅価格が上昇していった。アメリカでは、日本とちがって、住宅の買い替えが頻繁におこなわれるという。住宅価格が上昇してから売却すれば、キャピタル・ゲインを獲得できる。その売買益が個人消費につかわれた。

アメリカで個人消費のGDPにしめる比率は、七〇%程度からバブルの最盛期には七三%まで上昇した。アメリカのGDP規模は一五〇〇兆円程度であるから、年間四五兆円ものキャピタル・ゲインが個人消費にまわされたことになる。

金融資本も空前の好業績を謳歌し、従業員に大盤振舞された。その規模は、半端なものではなかった。資産バブルの最盛期、あるアメリカの投資銀行日本支店の社員の冬のボーナスがなんと平均一〇〇〇万円と報道された。

こうして、金融セクターの肥大化により、個人消費がいちじるしく拡大し、経済が成長した。財政出動にかわって、供給水準に需要水準を引き上げる役割をはたすようになったからである。

ところが、実体経済の成長ではないので、金融セクターが収縮すると金融危機が勃発するだけでなく、需要がいちじるしく収縮し、経済危機におちいった。

金融セクター肥大化の帰結

実体経済の拡大には、おのずと限界がある。

いくら好景気でも活況期でも、設備投資によって、生産規模を何倍にも増やすことはできないからである。したがって、企業は、慎重に設備投資計画を立案する。過剰設備の見込みちがいは、企業倒産のおおきな要因のひとつだからである。

したがって、過剰生産設備から生み出される過剰な商品量によって、恐慌が勃発するにしても、いずれ終息する。史上最悪の一九二九年世界恐慌でも三年程度で底入れした。

ところが、金融セクターの肥大化は、実体経済の比ではない（図3-2参照）。

実体経済では、企業は、最大限の利潤をあげて、より多くを研究開発費に投入する。それは、競争に勝ち抜くためである。

研究開発の成果を製品（商品）化するには、膨大な設備投資を必要とする。膨大な投資をおこなっては

図3-2　世界のGDPの推移

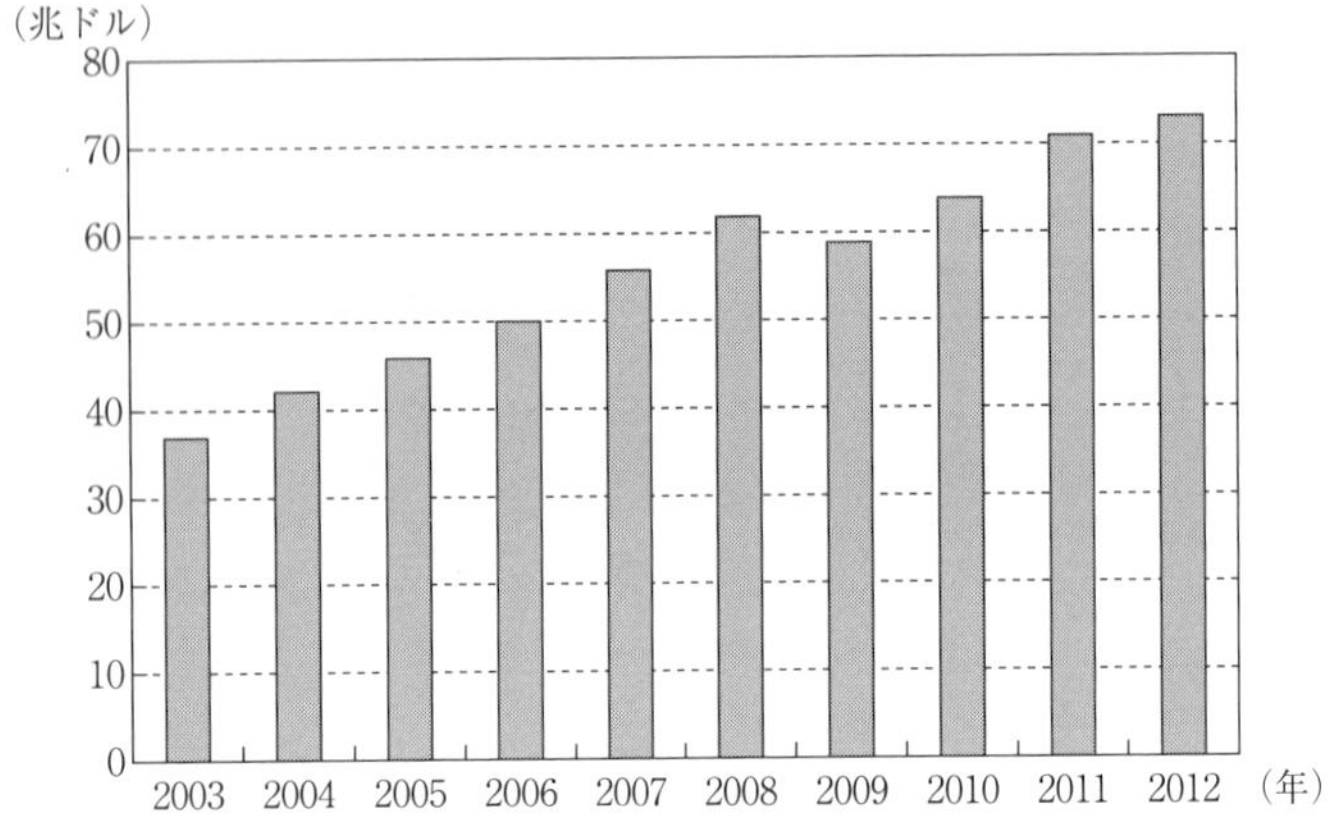

（出所）総務省。

じめて、商品を市場に投入することができる。それでも売れるかどうかは、市場に出してみなければわからない。

ところが、金融資本の設備は、実体経済の企業とくらべるとはるかに規模が小さい。投資銀行などの金融資本は、通常業務の設備があれば、新金融商品の研究開発費と「冷酷非道」で、しかも「有能」な人材がそろっていれば、十分である。

したがって、魅力的な新金融商品を開発できる能力があり、金融商品の販売先に広範な人脈を有する「有能」な人材さえ確保できれば、金融セクターへの参入はかなり容易である。アメリカの非金融セクターの企業が金融収益に依存できるようになったのは、そのためであると考えられる。

しかも、金融セクターは、ある時点までは、実体経済から「自立」して肥大化していく傾向がある。大規模な生産設備が必要ないからである。

たとえば、一〇〇万台の自動車を生産できる設備をもつ企業が、一〇〇万台売れればちょうどいいのに、たとえば八時間労働を二四時間労働にして生産しても、せいぜい生産台数は三〇〇万台である。もちろん、そんなことはできない。

ところが、金融セクターは、魅力的な新金融商品を組成できれば、いくらでも売却することができる。販売額を拡大するのに、あらたな設備投資はさほど必要ないからである。あとは、売れるような、投資家に魅力的な金融商品をいかに開発し、販売するかである。

しかも、高度の金融「工学」を駆使して開発した、魅力的で有利な金融商品（ローリスク・ハイリターン）だといわれると、まったく仕組みを理解できない投資家は信用するしかない。

資産バブル期には、金融資本は膨大な利潤をあげるので、超優良企業である。その運用担当者から、膨大な利潤のほんの一部（もちろん、庶民には想像もできない金額）で接待してもらうと、年金や大学や企業の資産運用者は、信用して、わけがわからないにもかかわらず、何十億・何百億という金融商品をいともかんたんに購入してしまう。

とにかく売れるので、金融資本は、どんどん新金融商品を組成し、世界中に売りまくる。こうして、金融肥大化はその極致たる、資産バブルにいたる。

したがって、資産バブルが崩壊すると、金融資本に天文学的損失が発生し、金融システム崩壊の危機におちいった。

資産バブル崩壊による経済危機は、従来の恐慌とは、くらべものにならないくらい深刻なものとなる。二一世紀初頭大不況とよぶゆえんである。

金融資本に金融危機を解決する能力などあるはずもない。資産バブル期に獲得した膨大な利潤は金融資本内部ですでに山分けをしているので、みずからの会社の危機すら回避できない。結局は、政府の財政資金によって金融システムを救済してもらうしかない。

中央銀行券供給による需要拡大

こうして、金融危機が勃発すると、政府と中央銀行が大規模な資金供給をおこなって、金融資本の「宴」の後始末をするしかない。そうしなければ、金融資本が莫大な損失をかかえているので、本当の金融恐慌が勃発するからである。

金融危機では、金融セクターが急速に縮小するので、冷え込んだ需要水準を資産バブル期に膨れ上がった供給水準までなんとしても引き上げなければならない。そうしなければ、今度は経済恐慌が勃発してしまう。膨大な規模の財政出動により、需要水準を引き上げるのである。

ところが、ここでも、実体経済が成長しているわけではないので、財政出動をやめると、需要水準が低下し、供給が相対的に過剰となり、景気が後退するばかりか、下手をすれば恐慌が勃発してしまう。

したがって、財政出動をつづけなければならない。まさに、「自転車操業」の状況におかれる。その結果、深刻な財政危機にみまわれる。しかも、財政赤字が累積すると、経済成長がとまるという実証研究がある。

財政赤字が累積すると、国債の格付けが引き下げられる。国債価格が低下するので、長期金利は上昇する。そうすると、国債の利払いが増えるので、ますます財政赤字が増加する。成長がさらにとまり、税収も減収するという悪循環におちいる。

財政赤字の削減のために、増税をしようにも、国民はそうかんたんにはみとめてくれない。

アメリカやヨーロッパや日本は、このようなニッチもサッチもいかない状況に追い込まれた。

図３－３　日銀，FRB，ECB の資産規模の推移（2008/1/1＝100）

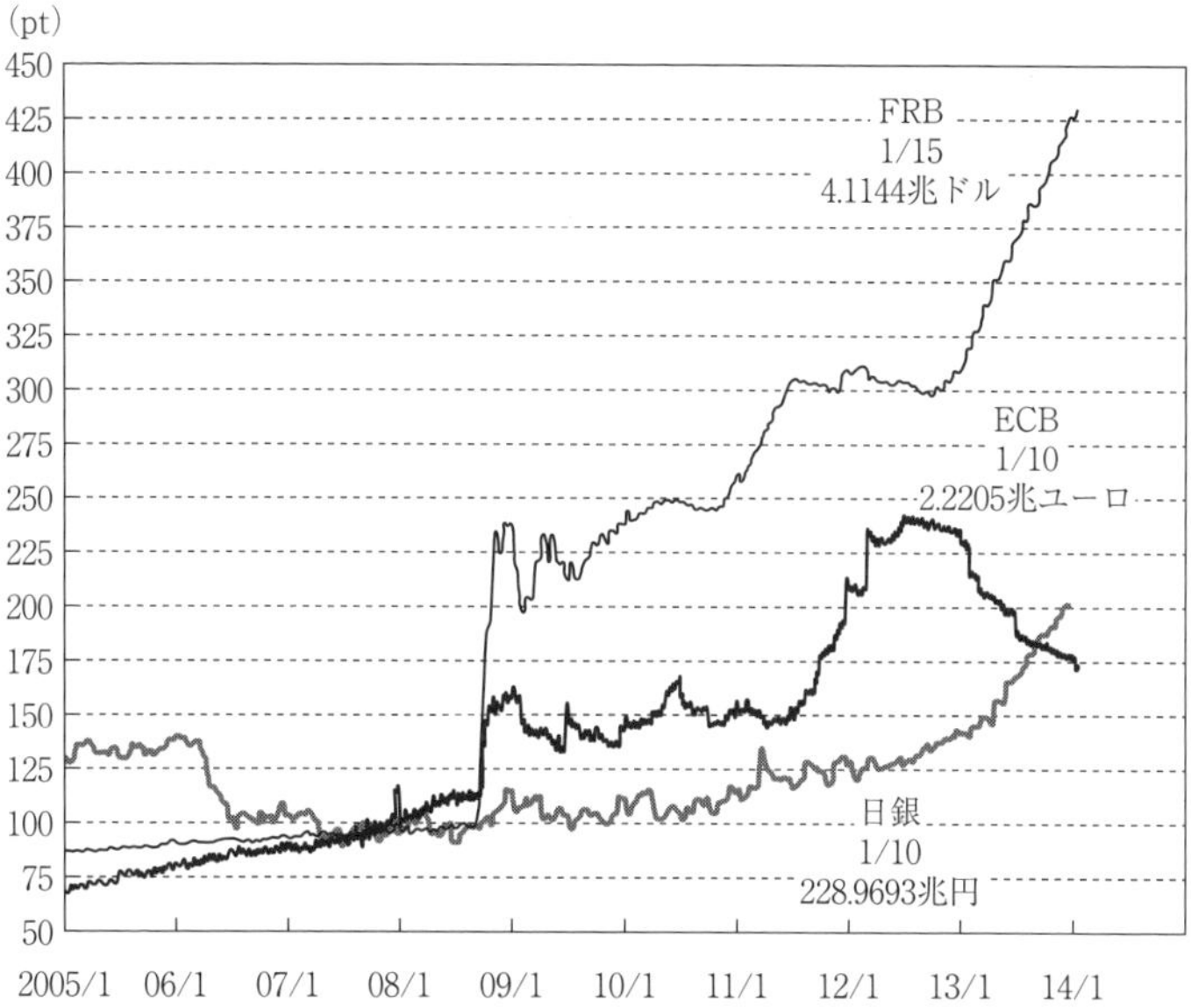

（注）　Bloomberg のデータをもとに MUMSS 作成。
（出所）　三菱 UFJ モルガンスタンレー証券，2014年１月20日。

資本主義は、プロダクトおよびプロセス・イノベーションによる実体経済の成長、金融セクター肥大化による経済成長をとげてきた。一九二九年世界恐慌からは、国家が経済に介入することによって、落ち込んだ需要水準を供給水準まで引き上げて景気を維持してきた。

二一世紀初頭大不況にみまわれてからは、恐慌勃発を阻止するために、大規模な財政出動がおこなわれてきた。

ところが、実体経済の成長がとまり、金融セクターが主導する実体経済の成長も資産バブル崩壊で破綻した。

二一世紀初頭大不況で、ついに本格的に復活したかにみえた国家の経済への介入もできなくなってしまった。

ついに、マネー（中央銀行券）を発行

図3－4　ワールドダラーの推移

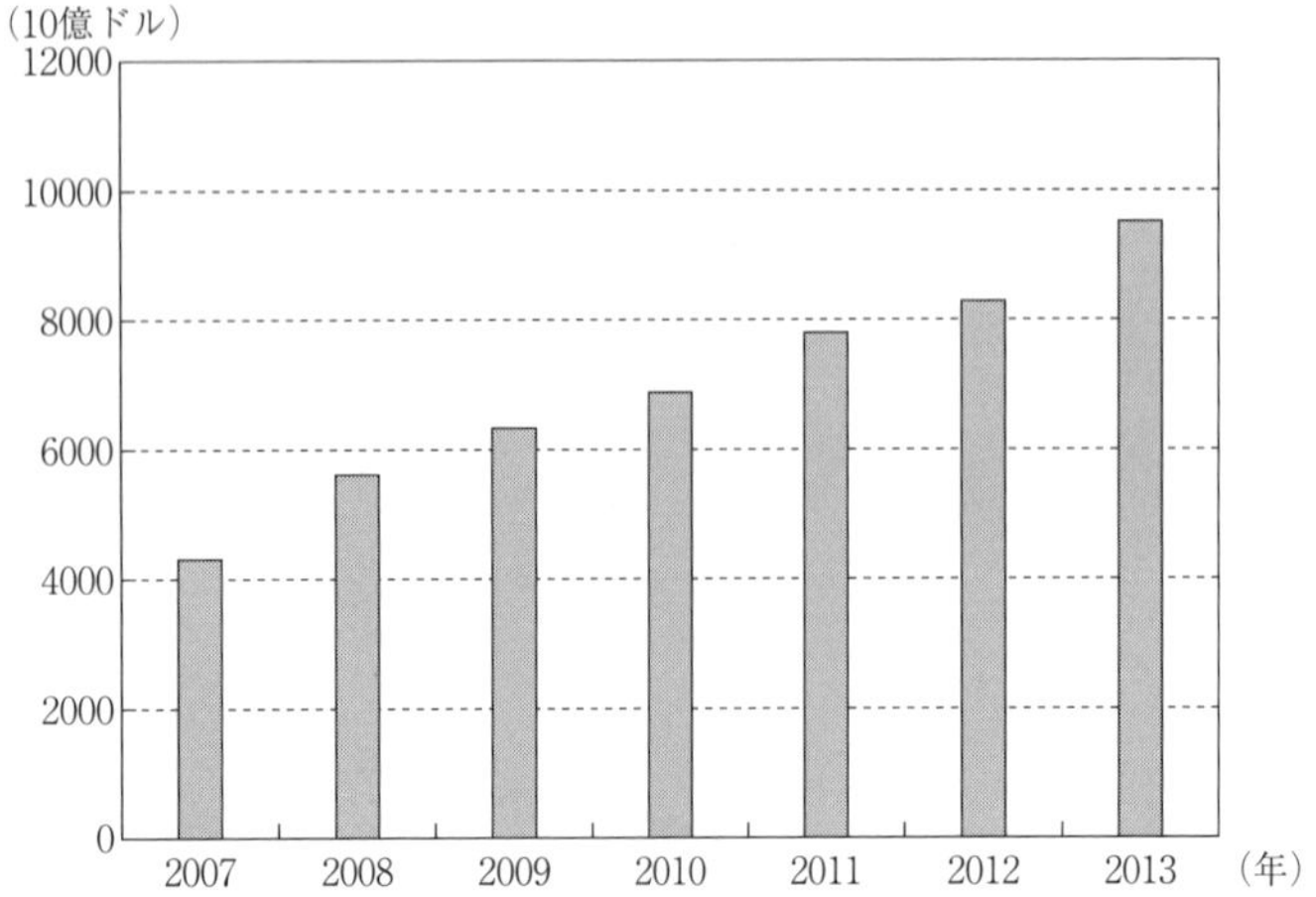

(注)　ワールドダラー＝FRBのマネタリーベース＋外国公的部門保有のドル準備。
(出所)　FRB，アメリカ商務省。

できる中央銀行に前面に出てもらうことで、需要水準を供給水準まで引き上げることが期待された(図3－3参照)。マネーは、一般的等価物で、市場に投入されれば、購買力をもつので、需要は増えるからである(図3－4参照)。

ケインズはいう。「もしかりに貨幣が農作物のように栽培することができたり、自動車のように製造することができるとすれば、不況は回避されるか緩和されるはずである」(J・M・ケインズ著、塩野谷祐一訳『雇用・利子・および貨幣の一般理論』東洋経済新報社、二〇〇三年、二三〇頁)。

ところが、財政出動が財政赤字に帰結したように、今度は、中央銀行券が市場にあふれかえる。その帰結は、通貨価値の低下、すなわちインフレである。資本主義は、まさに中央銀行が前面に出ざるをえなくなった、そういう歴史的段階に突入したということなのであろう。

第二部　世界金融危機から中央銀行危機へ

一九八〇年代末の日本の資産（不動産）バブルは、戦後の高度経済成長が終結し、金融セクターが経済成長を主導することで発生した。

アメリカでは、ＩＭＦ（国際通貨基金）体制が一九七一年に崩壊すると、インフレと不況が共存するスタグフレーションにみまわれた。そうすると新自由主義的経済政策が導入され、金融セクターが経済成長を主導するようになった。

一九九一年のソ連邦崩壊で冷戦が終結すると、アメリカは、米ドルを基軸通貨の地位にとどめさせるべく、ドル高政策をとった。二〇〇〇年初頭にドル高政策によって生み出された株式・ＩＴバブルが崩壊すると、今度は、住宅バブルなどの資産バブルを演出した。

ヨーロッパでは、一九九九年にユーロ導入後、しばらくすると住宅・国債バブルが発生した。南欧諸国を中心に金利が劇的に低下し、住宅・建設ブームが発生した。国債金利も低下したので、国債消化が容易になったからである。

二〇〇八年のリーマン・ショックで欧米の資産バブルが崩壊すると深刻な世界金融危機にみまわれた。金融機関が膨大な損失をかかえ、景気も後退したので、財政資金が投入された。

かくして、金融危機と経済危機を克服する政策によって、危機はついに財政危機に転化した。

財政危機で財政出動ができなくなると、結局、日米欧の中央銀行が前面に出動せざるをえなくなった。中央銀行がニュー・マネーを大量に投入することで、成長を主導するようになった。

このような、中央銀行の「最後の貸し手機能」ならぬ「最後の成長促進機能」ともいうべきものが、資本主義の現段階のおおきな特徴である。

中央銀行がニュー・マネーを大規模に投入して経済成長を主導していけば、いずれ膨大な中銀マネーがマーケットにあふれかえる。結局は、中央銀行危機におちいってしまうのである。

第四章　資産バブルの生成と崩壊

戦後の資産バブルは、実体経済の成長を金融セクターが主導するようになって生成した。日本では、高度成長が終結してしばらくしてから資産（不動産）バブルが発生したが、一九九〇年代初頭に崩壊し平成大不況にみまわれた。これが二一世紀初頭大不況のはじまりである。

欧米の資産バブルも、実体経済の成長を金融セクターが主導するようになって勃発した。ただ、アメリカのばあいは、ＩＭＦ（国際通貨基金）体制が崩壊して、国際基軸通貨としての地位があやうくなったことが直接のきっかけとなっていると考えられる。

国際基軸通貨の地位維持のために、好景気を維持しなければならなかったが、それには、資産バブルがもっとも手っ取り早い方法だったからである。

ヨーロッパのばあいは、ユーロ導入が資産バブルをもたらし、金融セクター主導の経済成長が可能となったと考えられる。

この日米欧の究極の金融セクター主導の経済成長をもたらす資産バブルが崩壊すると、深刻な金融・経済危機にみまわれ、ついには財政危機に転化したのである。

1　ＩＭＦ体制の崩壊と日本の資産バブル

（1）ＩＭＦ体制の成立と崩壊

冷戦体制への移行

第二次大戦は、帝国主義国同士の植民地をめぐる戦争であるだけでなく、ファシズム対反ファシズムの戦争であったところに、それまでの戦争との決定的なちがいがあった。戦後、冷戦体制という世界史が大転換する事態にいたったのは、この世界戦争の性格によるものであった。

第一次大戦末期の一九一七年にロシアで歴史上はじめて「社会主義」革命が成功した。それは、帝政ロシアでひとびとは絶望的な貧困下におかれ、大戦が勃発すると戦争に駆り出されるだけでなく、さらに困窮した労働者・農民が、革命政党に導かれて革命に決起したことによるものである。

一九二九年世界恐慌は、それまでになかったような未曾有の恐慌だったので、第一次大戦で敗れたドイツでは、深刻な景気の低迷にみまわれて失業者が街にあふれた。この大恐慌期に台頭したのがアドルフ・ヒトラー率いるナチス党である。

平時であれば、泡沫政党であるナチス党が議席を伸ばすなどあるはずもないが、一九三三年には、なんと政権の座を奪取してしまった。

ヒトラーは、戦争経済体制を構築することで世界恐慌から離脱したので、ドイツ国民の支持率は高かった。したがって、ヒトラーが景気の高揚で高い支持率を維持しようとすれば、必然的に戦争に突入するしかなかった。

ヒトラーは、「社会主義」国ソ連（ソビエト社会主義共和国連邦）をつぶすために東欧を経由して進撃した。しかし、ソ連のすさまじい反撃にあって撃退された。ソ連軍は、ヒトラーを追撃したが、その過程で東欧諸国がのきなみ「社会主義」化を強制された。

アジアでは日本が中国大陸に侵攻していた。アメリカが第二次大戦に参入すると、敵の敵である中国を軍事的に支援した。中国では、国民党と八路軍（共産党軍）が国共合作でひとつになり日本軍と戦った。日本が敗戦となると、今度は国民党と八路軍が戦い、八路軍が勝利し、「社会主義」中国が成立した。北ベトナム、北朝鮮、キューバなども「社会主義」化し、「社会主義」国はそれまでのソ連一国から、ひとつの体制となって、資本主義陣営と対峙することになった。

この「社会主義体制」の成立こそ、第二次大戦後の世界史をおおきくかえることになった。当時は、「社会主義」が資本主義よりも「高次」の経済社会構成体と考えられていたので、資本主義陣営は、雪崩をうって、資本主義が「社会主義」化してしまう恐怖におののいた。

資本主義陣営は、共通の敵である「社会主義」体制と対峙しているので、植民地を争奪するために帝国主義戦争に踏み込むことなどもってのほかであった。したがって、戦後、資本主義国協調ともいうべき体制に移行した。

そのために、ひとつは、経済的な国際的協調体制として、米ドルに金の裏付けを付与するＩＭＦ（国際通貨基金）体制が作り上げられた。資本主義陣営の経済成長と国民の生活水準の引き上げをはからなければ、のきなみ「社会主義」化してしまう危険があったからである。

もうひとつ、ソ連・東欧「社会主義」の西側の最前線にあった西ヨーロッパ諸国は、それまでの戦争の繰り返しから共同体の形成につきすすんだ。ドイツは先進国で唯一、東西に分割されたが、かろうじて資本主義国に残留できた西ドイツ（ドイツ連邦共和国）は、西ヨーロッパの統合に参加した。

当時は、「社会主義」東ドイツ（ドイツ民主共和国）が、ソ連の援助をうけて、国民への安い住宅の供給、完全雇用、福祉の充実、女性の社会進出などの政策がそれなりに実行されていた。

もちろん、敗戦からの復興をおこなった程度のことであったが、西ドイツからすればそれは脅威とうつったことであろう。そのため、西ドイツでも住宅の供給、雇用の確保、福祉の充実などをおこなわなければ、「社会主義」化するという恐怖におそわれた。

西ドイツは、社会的市場経済という経済理念にもとづいて、経済成長と賃金・経済格差の是正、労働条件の向上や福祉の充実をはかる経済政策を遂行した。そのため、企業の利潤追求行動がかなり制約されることになった。これを「譲歩型」資本主義とする論者もいる。

したがって、現在の欧州連合（EU）の前身である欧州経済共同体（EEC）に参加することで、利潤追求をおこなう戦略を構築したのであろう。EUというのは、事実上のブロック経済なので、相対的に競争力のあるドイツ企業が利潤を獲得できるからである。

IMF体制の成立

アメリカは、第二次大戦後に「社会主義」が体制となることを見越して手をうっていた。

当初、アメリカ政府内では、ドイツを戦争ができない国にするために「ドイツ農業国化政策」が真剣に検討された。戦力・軍事力をもたせなければ、戦争ができないからである。

ところが、アメリカは、ソ連軍がヒトラー軍を追撃してくると、冷戦にそなえてドイツの重化学工業をのこす措置をとった。爆撃目標もそれまでの軍事工業や重化学工業設備ではなく、大都市に変更した。ドイツとしても、重化学工業設備を疎開させたので、そのほとんどを温存することができた。

アメリカは、第一次大戦後のドイツへの過重な賠償請求がヒトラーを生み出したという教訓から、敗戦国である日本や西ドイツだけでなく、戦勝国であるイギリスやフランスなどにマーシャル援助をおこなって、戦後復興を推進した。

敗戦国から根こそぎ賠償品をもっていったソ連と大ちがいである。ただし、ソ連は、おびただしい戦死者を出し、すさまじい被害をうけたので、国民を納得させるためにしかたなかったのかもしれない。

そのうえで、アメリカは、戦後の資本主義諸国において経済成長を実現するための国際的な通貨体制を構築した。一九四七年から活動をはじめたＩＭＦ（国際通貨基金）体制がそれである。これは、外国の通貨当局に限定して三五米ドルを金一オンスと交換するというものである。

この体制が機能するための大前提は、金市場でも金一オンス＝三五ドルで取引されることである。そのため、アメリカは、当初は、ロンドン金市場に介入して、金一オンス＝三五ドルを維持した。

軍事・政治的には東西冷戦、経済的には国家が主導する実体経済の成長、このふたつが、第二次大戦後のきわめておおきな特徴である。

米ソの軍事産業への特化

第二次大戦中に開発され、実戦で使用された核兵器による世界戦争に突入すれば、人類が滅亡することは確実である。したがって、米ソ両大国による核戦争ができないという冷たい戦争、すなわち冷戦体制に移行した。

冷戦下での軍事技術開発は、それまでとは質がちがった。すなわち、核弾頭を搭載した大陸間弾道弾（ミサイル）を打ち落とすという、現在でもむずかしい技術開発競争を米ソがせまられたからである。そのためには、資本主義陣営の盟主・超大国アメリカは、経済力を軍事技術開発と軍事産業に特化しなければならなかった。

本来は、生産手段生産（資本財や生産財）部門と消費財生産部門が調和していなければ、正常な経済システムとはいえない。もちろん、経済が成長するには、旺盛な設備投資がおこなわれるので生産手段生産部門が先行する。

ところが、軍事部門は、生産外消耗部門なので、中長期的には経済成長を阻害する。しかも、国民に良質な消費財を十分に提供できなくなってしまう。

したがって、通常は、経済システムを軍事部門に特化することはできない。しかし、冷戦体制への移行がアメリカにそれを強制した。不可能を可能にしたのが、ＩＭＦ体制にほかならない。

すなわち、アメリカが軍事部門、日独が本来の生産手段生産部門と消費財部門をになう、資本主義内国際分業が構築され、金の裏付けをあたえられた信用貨幣米ドルが「共通通貨」となったのである。

この「共通通貨」を発行するのは、資本主義陣営の中央銀行となった米連邦準備制度理事会（ＦＲＢ）であった。米ドルは、ＩＭＦ協定によって金の裏付けのある信用貨幣となったので、アメリカが大量の米ドルを供給することによって、需要を創出し、経済成長が可能となったのである。

アメリカは、自国通貨である米ドルによって、日独などから生産手段や消費財を購入することができたので、国家の総力をあげて軍事技術開発と軍事産業に特化することができた。

こうして、膨大な軍事費を投入して軍事技術開発をおこなったので、軍事技術はもちろん、ＩＴ（情報・通信）、航空宇宙、ナノ・バイオテクノロジーなどハイテク産業が発展していった。

しかしながら、生産手段生産部門や消費財部門を担った日本や西ドイツや資本主義世界の経済は成長したものの、軍事部門に特化したアメリカの経済は停滞した。

それは、ハイテク産業があくまでも軍事技術開発の帰結として発展したものであるとともに、ハイテク産業は、繊維工業や重化学工業のように経済をダイナミックに成長させることができないからである。

ＩＭＦ体制の崩壊

現在、日米欧中央銀行が実体経済の成長を主導しているが、これは第二次国家主導型経済成長ともいうべきもので、ＩＭＦ体制にもとづいて米国家（中央銀行であるＦＲＢをふくめ）が資本主義世界に米ドルを供給して、実体経済の成長を主導したのが第一次国家主導型経済成長ということができる。

アメリカは、資本主義陣営を守り抜くために、冷戦下といえども、朝鮮戦争、ベトナム戦争などを戦った。共産化を阻止するために反共産勢力に膨大な軍事的・資金的援助をおこなった。

それが可能だったのは、アメリカ国内では不換通貨なのに、国際的には米ドルが信用貨幣として全世界で支払い決済に使用されたからである。

ところが、ＩＭＦ体制が成立する大前提は、アメリカによる米ドルの供給量がアメリカの保有する金準備の範囲内に限定されているということである。

もちろん、金と米ドルの交換は、対外国の通貨当局に限定されていたので、本来の金本位制ではない。それでも、アメリカの国家財政が黒字で国際収支が安定していれば、米ドルの信認が確保されているので、通常は、外国の通貨当局が米ドルと金の交換を要求することはない。

ところが、冷戦という世界戦争下では、それをもとめるのはむずかしかった。膨大な軍事費を投入して軍事技術開発をおこなわなければならなかったし、対共産勢力との戦いでも膨大なドルを投入しなければならなかったからである。

限定されていたとしても金の裏付けを有する大量の信用貨幣米ドルが世界中に供給されることによって、資本主義世界の実体経済の成長がはかられた。軍事ケインズ主義といわれるゆえんである。

第二次大戦後、世界の約七割という大量の公的金準備を保有するにいたったアメリカであったが、冷戦という世界戦争を戦った結果、大量の米ドルを供給せざるをえなかったので、しだいに米ドルが減価していった。

ロンドン金市場では、金一オンス＝三五ドルを維持することができなくなった。ドル売りが殺到すれば、アメリカには、いずれ売る金がなくなってしまう。

もしも、金一オンス＝五〇ドルになれば、アメリカに金一オンス＝三五ドルで交換をもとめ、その金を市場で売却すれば、五〇ドル受け取ることができる。こうして、ドル減価に対処できる。

フランスの通貨当局などが金とドルの交換を要求したので、アメリカの公的金準備が減少していった。そうすると、もはや対外国通貨当局との金一オンス＝三五ドルでの交換ができなくなってしまった。

こうして、一九七一年にアメリカは、金と米ドルの交換を停止し、ＩＭＦ体制が事実上崩壊した。米国家（および中央銀行）主導の世界経済の成長の帰結は、金とドルの交換停止であり、本格的な世界的インフレ経済への移行であるとともに、景気の低迷であった。

(2) 日本の資産バブル生成と崩壊

戦後の高度経済成長

第二次大戦前の日本経済は、戦後のアメリカとはちがう意味で軍事経済に特化していた。イギリスは繊維工業、ドイツは鉄道建設が産業革命を主導したが、日本のばあいには、軍事産業を育成するかたちで近代化をはかったからである。

軍事産業中心の独特かつ特殊な産業構造が形成されたので、大戦で敗北するとそのままの継続は不可能であった。とはいえ、逆説的であるが、このいびつな構造のゆえに、戦後の日本は、史上まれにみるような高度経済成長を実現することができた。

第二次大戦中にアメリカでは、ハイテク技術の「プロダクト・イノベーション」がすすむとともに、戦争でトコトン発展した重化学工業が、日本にそのまま導入することができたからである。

その大前提は、軍国主義の一掃、戦前日本の支配階級を形成した財閥の解体、大地主の放逐であった。アメリカ主導の連合国は、日本の民主化の遂行、財閥解体と農地解放を断行した。

一九四九年に中国革命が成功するとアメリカは、対共産主義包囲網のアジア側の拠点を急遽、それまでの中国から日本に変更せざるをえなくなった。日本を民主化し、戦力をもたない平和に国にしようとしていたアメリカは、日本で最新鋭の重化学工業を創出する必要にせまられた。

核戦争ができない冷戦下といえども、朝鮮半島やベトナムでは戦争が勃発した。

アメリカが遠く離れたアジアで戦争を遂行するばあい、どうしても日本を補給基地としなければならなかったからである。一定の兵器については、アメリカのライセンス生産が可能となるくらいの一流の重化学工業が必要であった。

戦前の日本には、世界でも一流の軍事技術だけはあったので、その技術を継承するとともに、第二次大戦で技術革新のすすんだ最新鋭の重化学工業をアメリカから移植・創出した。

戦後の高度経済成長は、アメリカの最新鋭の重化学工業を日本に導入することで進展した。鉄鋼・金属・機械・石油化学などでの最新鋭の大規模な設備投資（すなわち「投資が投資をよぶ」）、製品の改良・軽量化・コンパクト化をすすめるプロセス・イノベーション、このふたつの要因によって、世界史のうえでもまれにみるような高度経済成長が実現したのである。

財閥解体によって、いわゆる資本家がいなくなって、従業員が役員になることができるようになり、社長と従業員の給与の格差がいちじるしく縮小した。

農地解放で、小作人が零細地主となることにより、保守基盤を形成し、政治の安定に寄与した。大量の農家の次男・三男が労働者として工業地帯に流入した。

日本的経営といわれる終身雇用制、年功序列賃金は、こうした高度成長によってはじめて可能となった。企業別組合は、労使が協調して、収益をあげていくということからすれば、きわめて有効なものであった。

高度成長の終焉

こうしたさしもの高度経済成長も一九七〇年代初頭に終息した。それは、高度成長の要因のひとつであった、鉄鋼・金属・機械・石油化学などでの大規模な最新鋭の設備投資がほぼ終了したことによるものである。

もちろん、一九七一年のＩＭＦ体制の事実上の崩壊、一九七三年の第一次オイル・ショック、為替相場制度の固定相場制から変動為替相場制への移行など、戦後世界の経済成長をささえた枠組みがおおきく変容したことがその背景にあることはいうまでもない。

高度成長は、「投資が投資をよぶ」といわれるほどの膨大な設備投資がおこなわれたことで進展したものである。設備投資というのは、供給なき需要なので経済はいちじるしく成長する。それが資本規模のおおきい生産手段生産部門であればなおさらそうである。戦前の生産手段生産部門がまったくつかいものにならなかったのが、さいわいしたのである。

大規模な設備投資が終了すると今度は需要なき供給となるので、内需がその供給に対応できなければ、確実に恐慌が勃発する。だが、そんなことはとうていゆるされることではなかった。

そこで、ふたつの対策がとられた。ひとつは、海外市場への進出とさらなるプロセス・イノベーションの推進、もうひとつは、公共投資による内需の創出であった。

日本企業が海外に進出するまさにそのときに、国際通貨システムは変動相場制に移行した。高度成長の過程で重化学工業の国際競争力は高まっていたので、日本の輸出は増えていたし、海外に輸出を増加させていけば、円高になるのはとうぜんのことであった。

せっかく海外に販路をもとめ、恐慌を回避したはずなのに、円高が進行すれば、為替差損が膨大なものになり、企業収益がいちじるしく悪化してしまう。ところが、海外市場を放棄したら、今度は企業が生き残ることができなくなってしまう。

ここで、「海外進出も地獄、日本残留も地獄」という、いわば神の「見えざる手」がはたらいた。

日本企業は、「海外進出の地獄」を放棄できなかった。もしも、国内市場に活路をもとめるとすれば、賃金の引き上げ・労働条件の向上などをせまられることは必至だからである。

やはり、海外を選択した日本企業には、為替差損というすさまじいコスト負担をせまられた。

そこで、日本企業は、国内では、徹底的なプロセス・イノベーションを強制された。

このイノベーションでは、工業用ロボットなどアメリカの戦後の軍事技術開発の成果が多く取り入れられた。高度成長が終焉してからもある程度は日本経済が成長できたのは、このイノベーションと公共投資によるものであった。

もちろん、高度成長期のプロセス・イノベーションとこの時期のそれとはおのずとことなっていた。この時期のそれは、経済を成長させるという点では弱いものであったからである。

このように、海外市場に活路をもとめた輸出企業は、円高による為替差損を穴埋めするために、徹底的な経営の合理化・効率化をはかるとともに、海外での熾烈な競争に勝てるように、さらなるプロセス・イノベーションをすすめた。

資産バブルの形成

国際市場で熾烈な競争を展開する輸出企業は、徹底的な経営の合理化・効率化を強制されたのにもかかわらず、規制産業である金融セクター、製品を輸出できない建設・不動産業ではそれがすすまなかった。土地は〝不動〟産だからである。

銀行は、高度成長期には、旺盛な設備投資資金供給をおこなうことができたが、それがすぎてしまうと企業は銀行からあまり融資をうけなくなった。

それは、ひとつは、高度成長期におこなった設備投資の減価償却費などが累積したこと、もうひとつは、資金調達が必要なばあいでも規制のない国際金融市場で、低コストで調達できたからである。

「企業の銀行離れ」という事態が進行した。

そうすると、本来であれば、輸出産業のように国際金融市場に進出して、国際市場で収益機会をもとめなければならないはずである。ところが、銀行は、きびしい金融規制下にあって、参入も制限されて、超過利潤を確保できていたので、国際競争力は低く、国際金融市場で欧米金融機関と対等な競争などできようはずもなかった。

一九八〇年代にはいるとリゾート開発が積極的におこなわれ、中葉になると国際化の進展で東京を中心に地価が上昇してきた。とうぜん、不動産・建設需要が高まったが、そうすると不動産の取得や建設のための旺盛な資金需要が生まれた。

それに、貸出先をさがしていた銀行などが飛び付いた。不動産売買は、優良担保である土地そのものが商品として取引されるので、担保がないから融資できないということはない。不動産融資がいちじるしく増加したのはそのためである。不動産の購入資金を銀行が融資するので、膨大な不動産需要が生まれ、不動産価格が高騰した。

不動産投機がはげしくなるとひんぱんに土地などの売買がおこなわれるので、貨幣の流通速度がはやまっていく。銀行は、あらたに大量の預金をあつめなくても、返済資金を融資できる。こうして不動産価格が高騰した。

株価も急上昇した。それは、ひとつは、不動産投機によって獲得した大量の資金が株式市場に流入したことによるものである。

もうひとつは、企業が新株引受権付き社債を大量に発行したことによるものである。

事前にさだめられた価格で新株を買うことができる権利がついた社債を購入し、さだめられた価格よりも株価の上昇局面で価格が上がっていれば、購入して売却すれば利益が出る。新株を購入して売って利益がえられるのであれば、社債部分の金利は低くても売れる。

企業は、タダ同然の低金利で新株予約権付き社債を発行して調達した資金を金融商品で運用した。景気も高揚したので、設備投資などもかなりおこなわれた。

この資産バブルをマネー面で促進したのが日本銀行の超低金利政策の継続であった。資産バブルは、実体経済の成長をおおいに促進した。不動産投機や株式売買でえられた利益が、広範な需要を生み出し、空前の好景気がおとずれた。

さらに、不動産という資産価格が上昇すると、老後のためなどに貯蓄をする必要もなくなるので、個人消費が拡大した。

資産バブルの崩壊

不動産価格が高騰すると庶民は、住宅を買えなくなってしまう。サラリーマンが住宅ローンを組んで住宅を購入できるのは、年収の五倍までといわれている。住宅の購入をあきらめたサラリーマンは、貯めた頭金を消費にまわしたので、これもまた消費を拡大させることになった。

バブルの末期にはこれをはるか超えた。

不動産価格は、収益還元法からしても異常な高値となった。土地を購入してビルを建てるのに一〇〇億円かかり、テナント料から経費などを差し引いて一〇億円えられたとすれば、投資収益率は一〇%となる。もしも、国債の利回りが七%だとすれば、十分な投資収益率である。

地価が高騰して二〇〇億円となり、テナント料も上がって経費を差し引いて一二億円をえられたとすれば、投資収益率は六％となる。それでは、わざわざ土地を購入し、ビルを建てて、テナントをさがすよりも、国債に投資したほうが、投資効率がいいことになる。

ここまで高騰すると、いずれ、サラリーマンがローンを組んで住宅が買えるようになるまで、また、収益還元法から土地を購入してビルを建てても利益が出るまで、地価が下落する。

一方、株価が上昇する局面では、大量の新株引受権が行使され、大量の新株が市場で売却される。そうすると市場におびただしい株式が供給され、いずれ需要をはるかに上回って株価は反転する。

こうして、地価と株価が反転することになるが、それがいつなのかは、事前にはだれもわからない。バブルというのは、崩壊してはじめてバブルであったということがあきらかになるからである。

日本の株式バブルは、一九八九年の大納会にピークをつけた株価が、年明けから暴落して崩壊した。不動産バブルは、一九九〇年六月に銀行にたいする不動産融資規制がかせられて崩壊した。

資産バブルが崩壊すると膨大な不動産融資をおこなった銀行に大量の不良債権がのこった。

不動産価格が下落しはじめると、銀行から融資をうけて不動産を購入した業者は、転売できなくなってしまった。価格の下落するのがわかっている不動産を買うひとなどいないからである。銀行は、融資した資金を回収できなくなった。これが不良債権である。

株価が下落すると銀行保有株式の含み益が減少した。資産バブル期に高い自己資本比率を要求した欧米の銀行に、日本の銀行は、株式の含み益などを自己資本に算入することをみとめさせて受け入れた。

ところが、資産（株式）バブル崩壊で含み益が減少すると、銀行は、所定の自己資本比率を維持することができなくなった。

日本銀行は、超低金利の継続が資産バブルの元凶と批判されたこともあって、資産バブルを徹底的につぶすために、政策金利の引き上げをつづけた。

地価が反転し、下落がつづいても、日銀はなかなか金融緩和に転換しなかった。銀行が大量の不良債権をかかえているので、地価が下落すれば、損失がますます膨れ上がり、日本経済が深刻な打撃をうけるということを日銀は認識していなかったからである。

こうして、デフレをともなう長きにわたる不況、すなわち平成大不況にみまわれることになったのである。

不況とデフレの共存

一九九〇年に株式バブル、一九九一年に不動産バブルが崩壊すると、一九九二年には実体経済の景気も低迷局面に突入した。かくして、地価の下落によって銀行に二〇〇兆円ともいわれる不良債権、一〇〇兆円とも推定される損失がのしかかった。

銀行は、不動産バブル発生の一方の当事者なので、この損失の処理に公的資金の投入をもとめることはできなかった。したがって、みずからの利益によって損失の穴埋めをせざるをえなかった。

政府と日銀が損失の穴埋めを側面から支援した。政府は、大規模な公共投資によって景気を下支えして、多くの不動産・建設企業の倒産をふせいだので、不良債権がこれ以上膨れ上がることはなかった。日銀も政策金利を引き下げていったので、銀行の業務純益も増大した。政策金利を下げると、銀行は預金金利をすぐ下げるが、貸出金利はすぐには下がらないので、その差額が利益となったからである。

このように、政府・日銀の側面支援のおかげで、銀行は、大量の不良債権を処理することができた。ところが、不良債権処理は「アリ地獄」のようなものであった。処理しても処理してもいっこうに減らなかった。それは、大量の不良債権をかかえてその処理に忙殺されたので、銀行の金融仲介機能が完全に機能不全におちいり、景気が悪化していったからである。

景気の悪化とともに、企業は、経費の削減のために大挙して東アジア、とくに中国に直接投資をすすめ、ますます景気の悪化に拍車をかけた。中国などから超低価格商品が流入することで、国内物価が低下し、一九九〇年代末には深刻なデフレにみまわれるようになった。

景気が悪化すると政府は、公共投資などのために大規模な財政出動をおこなった。それでも、アメリカが一九九五年のドル高政策によって資金流入をはかり、株式・ITバブルが発生すると日本経済はもちなおした。

ところが、二〇〇〇年初頭にアメリカのITバブルが崩壊すると日本は深刻な不況におちいった。日本銀行は一九九〇年代末に景気の変調がみられると、ついに銀行間市場での実質ゼロ金利政策に踏み込んだ。ところが、その解除がアメリカの株式・ITバブル崩壊とかさなったために、景気が後退し、量的緩和に踏み込まざるをえなくなった。

二〇〇〇年代にはいると日本の輸出大企業の国際競争力が低下する一方で、資源・穀物価格の輸入価格の上昇で交易条件が顕著に悪化した。その結果、時間あたりの労働コストを消費者物価で割った実質賃金の上昇率がいちじるしく低下した。

実質賃金の下落がデフレをさらに悪化させることになった。日本銀行が金利を実質的にゼロにしても、銀行が日銀に保有する当座預金を増やす量的緩和政策をおこなっても、デフレが解消されることはなかった。

2　欧米の資産バブルの形成と崩壊

（1）アメリカの資産バブルの形成と崩壊

冷戦下の米ドル

一九七一年に金とドルの交換が停止されると米ドルは、国際基軸通貨としての地位がいちじるしく下落するはずであった。米ドルが世界中に供給されたことによって減価し、その結果、ＩＭＦ体制が事実上崩壊したからである。

しかしながら、アメリカはいぜんとして強大な軍事力を有する超大国であり、資本主義陣営には、米ドルにかわりうる国際通貨はなかった。

米ドルが金とのつながりがなくなったとしても、ＩＭＦ体制成立の大前提であった冷戦はいぜんとしてつづいていた。したがって、資本主義世界は、財・サービスの決済通貨としての米ドルを受け取らざるをえなかった。

戦後、アメリカは軍事産業に特化せざるをえなかったので、景気そのものは低迷してきた。それでも米ドルは、金の裏付けがあったので、アメリカ経済にとって、さほどおおきな不都合がなかった。

ところが、その米ドルを国際的に受け取ってくれる最大の根拠であったＩＭＦ体制が崩壊したので、アメリカは、米ドルを国際基軸通貨の地位にとどめるための政策をとらざるをえなくなった。

そこで、米ドルの信認維持のために第一次ともいうべき経済的な対策をとった。強い経済であれば、諸外国は、米ドルを安心して受け取るからである。ちなみに、第二次の対策がとられたのは、一九九一年に冷戦が崩壊したときである。

たとえ金とのつながりがない管理通貨制下でも、強大な経済力と活発な金融・証券市場、自由化された為替取引と資本移動、健全な国家財政と国際収支構造、強大な軍事力などがととのっている国の通貨であれば国際基軸通貨となりうる。

アメリカは、景気が低迷し、貿易収支も赤字基調であったものの、この条件はある程度みたしていた。問題は、大量の米ドルを世界に供給して市場にあふれかえっているなかで、米ドルの暴落をいかに食い止めるかということであった。

アメリカに投資資金などが大量に流入すれば国際収支はバランスするが、そのためには、景気を高揚させる必要がある。

ところが、アメリカの大企業は多国籍企業化して、国際展開しているので、アメリカ経済そのものを成長させることはできない。製造業の国際競争力もないので、景気の高揚にはあまり役に立たない。

そこで、ひとつは、それまでのケインズ政策が放棄されて、フリードマンの主張する新自由主義的な経済政策への大転換、もうひとつは、金融セクターが経済成長を主導する政策がとられた。

その第一弾が一九七六年におこなわれた株式売買委託手数料の自由化であった。これは、アメリカにおける金融ビッグバンとよばれている。一九八〇年代にはいると公的部門の縮小、小さな政府の実現、規制緩和・撤廃などが本格的に実施された。

冷戦の終結と米ドル

一九八〇年代に金融システム危機が発生したので、公的資金の導入などがおこなわれ、一九九〇年代初頭には商業銀行の危機が終息した。

一九九一年にソ連邦が崩壊して、戦後の米ソ冷戦が事実上終結した。しかも、一九九一年には、ヨーロッパの通貨をひとつにするという欧州通貨統合をおそくとも一九九九年までに実現させることが欧州首脳会議で合意された。

こうして、膨大な財政赤字と貿易赤字といういわゆる双子の赤字をかかえる米ドルをささえつづける必要がなくなるとともに、米ドルに匹敵する国際通貨がヨーロッパに誕生すれば、米ドルが国際基軸通貨の地位から放逐されるという深刻な危機がせまってきた。

これは、アメリカ経済にとって死活問題であった。というのは、軍事産業と軍事力では、世界で超一流であったとしても、国際競争力のある重化学工業をもたないアメリカが貿易で外貨を獲得することは不可能だからである。戦後の冷戦体制の冷厳なる帰結である。

国際基軸通貨の地位から追い出されるということは、自国通貨である米ドルで貿易決済ができないということにほかならない。基軸通貨国以外の国が、とうぜんおこなっているように、貿易収支の均衡をはからなければならないということである。アメリカでなくても、そんなことは、一朝一夕にできることではない。

そこで、米ドルの信認維持のために第二次ともいうべき経済的な対策をとった。

アメリカの景気を高揚させて、世界中からアメリカに投資をよび込む政策である。一九九〇年代前半には、ドル安政策をとって輸出の振興により景気を回復させようとした。ところが、国際競争力のある製造業企業は多国籍企業化していることもあって、あまり経済が成長しなかった。

そこで一九九五年に当時のロバート・エドワード・ルービン財務長官は、ドル高政策を採用した。このような政策が採用されるのは、おそらくはじめてのことであろう。

たしかに、輸出には不利になるが、外国からの投資が増える可能性がある。ドル高政策ということは、日本円や当時のドイツ・マルクが安くなるということなので、日独企業は、投資で利益が出なくても、為替差益を確保できるからである。

しかも、当時の日本は、資産バブル崩壊不況の真っ只中にあり、ドイツといえば、欧州通貨統合への参加をめざして財政赤字削減に取り組んでいたので、国内に投資機会があまりなかった。

こうしたなかで、アメリカがドル高政策をとってくれたので、日欧の投資資金がアメリカに殺到したのである。

アメリカでは、ハイテク産業が高揚して実体経済も成長していた。冷戦が終結すると、それまで軍事的要請で開発されたインターネットが一九九三年に民間に開放され、ＩＴ革命が進行しつつあったからである。これは、第三の産業革命だと喧伝された。

こうして、かたちのうえでは実体経済のいちじるしい成長を根拠として、一九九〇年代中頃から後半にかけて株式・ＩＴバブルが形成された。

たが、これはあきらかな株式バブルであった。利益が出ていないのに株価が高騰し、通常は二〇倍から三〇倍の株価収益率（株価が利益の何倍で売買されているか）が何千倍、何万倍というＩＴ関連株が数多く登場したからである。ＩＴ関連株というだけで株価が高騰することも多かった。

住宅市場の活性化策

この株式バブルも二〇〇〇年にはいると崩壊した。米ドルの信認のために景気の高揚をはかってきたのに、それが崩壊すると信認がうしなわれることはあきらかである。

第二次大戦後に構築されたアメリカ経済の根幹を維持しようとすれば、国際基軸通貨米ドルの国際的地位をなんとしても維持しなければならなかった。まさに自転車操業状態であった。

アメリカは、資産バブル崩壊による不況を抑え込むには、日本のバブル崩壊不況の教訓から、「小振りで小出し」にではなく、ただちに大規模に対応しなければならないと考えていた。中央銀行は、株価が反転するとすかさず利下げに転換した。バブルをつぶしすぎると、日本のように長期不況とデフレにみまわれることをよく知っていたからである。

しかも、金利を急激に引き下げてきたなかで、二〇〇一年にアメリカは同時多発テロにおそわれたので、さらに金利を低下させていった。

アメリカでは、当時のクリントン政権時に国内政策の重要な方針として持ち家率の引き上げ策が実施された。住宅の売却によるキャピタル・ゲイン税が撤廃された。

つづいてブッシュ政権になると、住宅市場の活性化のために住宅減税、低所得者層向けの住宅ローン頭金の政府融資、住宅ローン向け政府保証の条件緩和などがおこなわれた。とくに、信用力が低く、住宅ローンがうけられないようなひとびとへのサブプライム・ローンの供与ができるような規制緩和がおこなわれた。

こうした施策によって、アメリカの持ち株比率は、長期的な趨勢からみて六四・五%から六九%まで上昇した。とうぜんのことながら、住宅価格が上昇していった。

日本では、こうして不動産価格が上昇すると、銀行による不動産融資が増えていった。

ところが、アメリカでは、住宅ローンは銀行だけでなく、専門の住宅ローン会社が提供し、その比率も高かった。政府は、この住宅ローン会社にたいして、信用力の低いひとびとに住宅ローンを提供するようにうながし、持家を推進する政策をとった。

ほんらいは、銀行が住宅ローンを提供するばあいには、厳格な融資の審査がおこなわれる。元本保証の預金を受け入れる銀行は、リスクの高い借り手に資金を貸し出してはいけないからである。ところが、住宅ローン会社は、銀行ではなくノンバンクなので、いくらサブプライム・ローンを貸し出しても、返済されるかどうかをべつにすれば、なんら問題はない。

もしも倒産すれば、このノンバンクに融資をした銀行などが損失をこうむるだけのことだからである。もちろん、銀行は、ノンバンクの信用力を審査するので、サブプライム・ローンを貸し込んでいるノンバンクに多くの融資をすることはできない。監督官庁から是正措置をもとめられるからである。したがって、本来であれば、信用力の低いひとびとに膨大な住宅ローンが提供されることはない。日本やドイツであれば、低所得者層に政府が公営住宅を提供する。

このような理念のないアメリカでは、株式・ＩＴバブルの崩壊によって、経済格差がさらに拡大するなかで、社会的弱者にも良質な住宅を提供する必要性にせまられても、それはできなかった。

そこで、最初の二〜三年は返済額が低くおさえられ、その後に返済額が増加する住宅ローンが開発された。そうでなければ、所得の低いひとなどは、借りることはできないからである。

しかし、金利が低額にすえおかれた期間がすぎると返済が不能となる。このサブプライム・ローンがなりたつ大前提は、住宅価格が上がりつづけるということなのである。

資産バブルの形成

この矛盾を克服したのが証券化の手法の利用である。サブプライム・ローンはリスクが高いので、銀行や住宅ローン会社が抱え込むことはできない。しかも、ローンを拡大するためには、銀行などからの借り入れを増やさなければならないが、それもできない。そこで証券化の手法が利用された。

住宅ローン会社は、提供した住宅ローン債権を投資銀行などに売却する。そうすると住宅ローン会社は、貸した資金を回収できるので、また住宅ローンをべつの借り手に貸し付けることができる。こうして、住宅ローン債権が売却できるかぎり、住宅ローン会社は、無限に住宅ローンを提供することができる。

これは、日本の資産バブル期に、銀行が膨大な不動産融資をおこなうことができたのとおなじである。ただ、日本のばあいは、銀行と傘下のノンバンクが不動産投機に資金の融資をおこなった。だから、融資をうけた不動産業者などは、値上がりすると利益確定の売りをおこなったので、資金はすぐに回収できた。こうして、貨幣の流通速度がいちじるしく上昇した。

アメリカのサブプライム・ローンのばあい、返済額が低くおさえられた二～三年間というのは、住宅ローンは返済されない。返済額が跳ね上がると売却して、ローンを返済する。住宅価格が上昇し売却益が出ていればそのぶんが儲けとなる。だから、住宅ローン債権を売却して証券化し、資金を回収することができるのであろう。

銀行や住宅ローン会社が資金を融資すると、そのぶんのあらたな住宅需要が生み出される。こうして、需要が増大すると、住宅や不動産価格が上昇していく。資金が融資されているうちは、住宅や不動産価格が上昇して、資産バブルが発生する。

アメリカで住宅価格が上昇する第一の前提は、大量の住宅ローンが提供されたことであったが、そのためには、投資銀行などに住宅ローン債権を購入してもらわなければならないということである。

第二の前提は、その住宅ローン債権が証券化され、証券化商品として、大量に売却できるということである。第一は、第二が大前提となっている。

サブプライム・ローンは、リスクが高いので、本来は、この債権をふくめて証券化すれば大量に売却することはできない。格付けもかなり低いからである。そのため、ふたつのしかけがほどこされた。

ひとつは、優先劣後ということが利用された。すなわち、ローンに返済順位をつけて、優先的に返済される部分と、劣後する証券にわけられた。したがって、優先的に返済される部分は、リスクがきわめて低いとして、最上級のトリプルAの格付けがあたえられた。

サブプライム・ローンといえども、一〇〇%返済されないわけではない。大数の法則をつかうとどれだけ焦げ付くかが計算できる。だから、優先劣後が出てくるというのである。

もうひとつは、この劣後する証券とほかのローン債権などを組み合わせ、ここでも優先劣後にわけられて再証券化された。

このようなことが繰り返されたのが、仕組み債といわれるものである。優先的に返済されるという部分を組み込んだ証券化商品なのでトリプルAの格付けがあたえられた。

このように、サブプライム・ローン債権が組み込まれた証券化商品であるにもかかわらず、トリプルAと安全資産に化けた。安全性を高めるために、もしも損失が発生したばあいに損失を補填するというモノラインといわれる保険会社と契約もかわされた。

何度も証券化された金融商品なので、価格設定がむずかしかったが、過去のデータにもとづいて設定されたようである。だが、リスクがきわめて低いわりにはリターンが高かったといわれている。

それは、トリプルAの証券化商品なので、安全な資産にしか投資できない年金基金や大学の基金などによって大量に購入された。証券化商品を組成した投資銀行などは、外国の金融機関や各種の基金などに積極的に売却した。

日本でも金融機関はもとより、年金基金や大学なども多く購入した。

世界中でサブプライム・ローンを組み込んだ証券化商品が大量に販売されたので、アメリカでは、証券化によって還流した大量の資金が住宅ローンとして提供された。こうして、ますます住宅価格が上昇していった。

資産バブルの崩壊

日本では、サラリーマンが買えなくなり、また、投資先としてはうまみがなくなって、地価は反転した。しかし、アメリカのばあいには、ローンの新規の借り手がいなくなって住宅価格の上昇がとまった。

大量の住宅ローンを新規の借り手に提供しなければ、なかなか住宅価格は上昇しない。したがって、住宅ローン会社は、投資銀行などから新規の住宅ローンの提供をせかされたという。投資銀行は、売却する新規の金融商品を大量に組成しなければ利益が増えないからである。

住宅ローン会社は、信用力の低い借り手をさがし、ついには、「所得がない、仕事がない、資産もない（NINJAローンとよばれた）」借り手にまで住宅ローンを提供した。

日本の不動産バブルの絶頂期に、銀行が、行員にノルマをかして融資を拡大したこととよくにている。

しまいには、売買する土地を実際にみずに写真だけで融資を決定したり、崖でつかいものにならない土地が平地とされて融資されたりした。バブルの末期というのは、古今東西いずこもこういうものなのであろう。

ＮＩＮＪＡローンが提供されるようになってじきに、新規ローンが減少していくと、住宅価格の上昇がとまった。

サブプライム・ローンが提供され、確実に資金が還流するための大前提は、住宅価格が上昇しつづけるということである。その上昇がとまるとすべてが逆転した。ローンの返済ができない借り手から住宅を取り上げても、なかなか売却できない。

住宅が売れなくなるなかで、資金を回収しようとすれば、値段を下げなければならない。こうして、住宅価格の暴落がはじまり、資産（住宅）バブルが崩壊する。

元本の返済はもとより、住宅ローンからの金利などがはいらなければ、証券化商品の価格は下落する。金利の支払いができなくなるからである。もとのサブプライム・ローンのデフォルトが多発すれば、証券化商品や仕組み債がまったく売れなくなってしまう。何段階にも証券化がおこなわれているので、それがはいっているかどうかわからない仕組み債は買えなくなってしまうからである。

価格が下落したら損失を補償してもらえる契約を締結した肝腎のモノライン保険会社も、保証できずに経営破綻した。仕組み債価格の下落にさいして、投資ファンドの出資者は資金の返還をもとめた。そうすると、資産を売却せざるをえなかったので、さまざまな資産価格も暴落した。

格付け会社は、仕組み債の格付けを急激に引き下げたので、安全な運用をしなければならない機関投資家や各種基金は仕組み債の売却をおこなった。

投資銀行などがサブプライム・ローンを組み込んだ仕組み債を組成し、世界的に売却して膨大な手数料を獲得するとともに、優良な金融商品であるためみずからも大量に保有していた。銀行も子会社などに膨大な融資をして、仕組み債を保有させた。

資産バブルの崩壊によって、この仕組み債価格が暴落した。というのは、買い手がいないので、超低価格で評価替えしなければならなかったからである。その結果、銀行などの金融機関に膨大な損失が計上された。

（2）ヨーロッパの資産バブルの形成と崩壊

ヨーロッパの統合

第二次大戦後、ヨーロッパは統合への道を歩みはじめた。それは、冷戦下で「社会主義」に対抗する西側陣営たる西ヨーロッパの結束、平和で豊かなヨーロッパの形成などのためであったが、それが現実化したのは、冷戦体制への移行という特殊戦後的な特徴によるものである。

ソ連軍は第二次大戦末期にドイツの首都ベルリンを陥落させた後、さらに進軍し、エルベ川で西側連合軍と合流した。

ドイツ敗戦後、ソ連は占領したドイツのエルベ川以東を「社会主義」化させた結果、米英仏が占領した西側地域は、西ドイツ（ドイツ連邦共和国）となり、ドイツは先進国で唯一、東西に分割させられた。

東欧諸国がのきなみ「社会主義」化して戦前ドイツの市場がうしなわれるとともに、農業地帯の東ドイツ地域もまた「社会主義」化したので、冷戦下のドイツは、市場と食料だけでなく労働者の供給源である農業をうしなってしまった。国民経済としては、いびつな構造になってしまったのである。

ドイツにとっては、西ヨーロッパの市場とフランスの農業は魅力のあるものであった。したがって、戦後、ヨーロッパ復権のイニシアティブをにぎろうとするフランスの野望にのらざるをえなかった。

というのは、東西分割は、占領状態のままでおこなわれたものであり、統一するには、占領四カ国のひとつであるフランスの承認をえなければならなかったからである。

事実、ヨーロッパの統合は、フランス主導ですすめられてきた。一九五一年発足の欧州石炭鉄鋼共同体はフランスが提唱したものであるとともに、ドイツの軍事的脅威を取り除くために、武器と当時のエネルギーの根幹であった鉄と石炭の生産を共同の管理下におこうというものである。

一九五八年には、欧州経済共同体が設立され、とりあえず関税同盟が実現した。一九六七年には、欧州共同体が設立された。共通農業政策も実施され、農業の振興がはかられてきた。

一九七〇年代の初頭に単一通貨の導入をめざしたが国際通貨危機で挫折したものの、一九七九年に欧州通貨制度（ＥＭＳ）が発足した。ＥＭＳの中心は、参加国の為替相場を中心相場から上下二・二五％のせまい幅におさえようというものである。こうして、一九八〇年代には、物価の安定にもとづく経済成長がはかられた。

さらに、経済統合をすすめるには、関税同盟だけではかなり不十分である。そこで、人・財・資金・サービスの移動の自由化を一九九三年初頭までに実現しようという域内市場統合がすすめられた。

一九七〇年代初頭には、通貨を統合する経済的・通貨的な前提はまったくととのっていなかったが、市場統合を準備するなかで、九一年には、欧州首脳会議でおそくとも九九年までに単一通貨ユーロを導入としようという合意がついにまとまった。

一九九九年のユーロの導入

首脳会議で通貨統合が合意されたときには、すでにＥＭＳが稼働し、各国の為替相場はせまい変動幅におさえられていた。この変動幅がゼロになれば事実上の通貨統合ということになる。各国通貨にかわって単一通貨を導入すれば、通貨統合の完成となる。

人・財・資金・サービスの移動の自由化という市場統合もすすみ、一九九三年には、一国市場とおなじような市場ができつつあった。ただし、政治統合に踏み込むような税制の統一はほとんどすすまなかったが。

複数の国で通貨をひとつにすることのデメリットよりもメリットがおおきいという最適通貨圏の議論では、多くの研究は、そうではないという結果を出していた。

ＥＭＳの稼働、市場統合の進展で通貨統合の前提がととのってきたことは事実であるが、経済的な合理性はないといわれたにもかかわらず通貨統合がすすめられたのは、経済の論理に政治の論理が優先したからである。

一九九一年にソ連邦が崩壊して、事実上、冷戦が終結した。ここで、ドイツが西ヨーロッパの統合に参加した前提条件がほぼ消滅した。そうすると、フランスやイタリアなどは、ドイツが戦前の経済圏であった東欧に回帰することをねらっているとみていた。

世界最強の通貨ドイツ・マルクを有するドイツは通貨統合に反対であるが、ドイツ統一条約調印との引き換えでフランスに妥協した。

ドイツは、通貨統合の合意に先立って、導入する単一通貨は、ドイツ・マルクなみにインフレをおこさない強い通貨にすべきであるし、また、設立される欧州中央銀行（ＥＣＢ）はドイツ連邦銀行なみに政府から独立した中央銀行でなければならないと主張した。それは、通貨統合をつぶすためであった。

だが、フランスやイタリアは、ドイツの東欧への回帰の野望を見抜いていたので、ユーロを安定した強い通貨にするために、財政赤字のＧＤＰ比三％以内、政府債務残高のＧＤＰ比六〇％以内などのきびしい財政赤字削減の条項をいともかんたんに受け入れた。

ここで、ヨーロッパ諸国は、通貨統合に参加するという大義名分をかかげて、財政赤字の大幅な削減に取り組むことができた。とくに、国民の抵抗からなかなかできなかった福祉の切り下げを断行できたことは重要である。

こうして、通貨統合に参加した国々はすべて、財政赤字のＧＤＰ比三％以内という条件をクリアした。ただし、政府債務残高のＧＤＰ比六〇％以内という条件をクリアした国は多くはなかった。というのは、これを厳密に適用すれば、ドイツも通貨統合に参加できず、数ヶ国にとどまっていたからである。

もちろん、赤字の削減と増税で六〇％に斬新的にちかづいているということも参加の条件であった。

資産バブルの形成

欧州通貨統合の問題点は、ひとつは、通貨統合への参加の条件は、財政赤字の削減が中心であり、経済力の格差はさほど是正（収斂）されなかったこと、もうひとつは、政治統合がなされていないので、通貨が統合されても、財政主権などは参加各国にのこされたままだということである。

こうした深刻な問題をかかえたままで一九九九年に通貨統合が開始され、二〇〇一年には、ギリシャが通貨統合に参加した。この通貨統合の開始によって、ヨーロッパで資産バブルが生み出された。

南欧諸国は、中央銀行の政府からの独立性が低いこともあって、比較的インフレ傾向が強く、通貨はかなり弱かった。したがって、国債金利や貸出金利や住宅ローン金利などが高かった。

ところが通貨統合に参加することによって、金利は劇的に低下した。政治からの高い独立性を付与された欧州中央銀行が金融政策を遂行するようになったので、短期金利はかなり低下した。財政赤字を削減し、ユーロを導入することによって、国債の利回り（長期金利）も劇的に低下した。

そうすると住宅市場や建設業が高揚し、住宅価格が上昇していった。住宅ローン金利などの借入金利が大幅に低下したからである。

ただし、ドイツの住宅価格はほとんど上昇しなかった。それは、東西ドイツが統一した一九九〇年前後の統一ブームによって、住宅価格が高騰し、その後、下落していたからである。

ギリシャなどでは、国債の利回りが低下することで、発行金利が低下した。利払いが激減したので、国債を大量に発行することができた。それは、ユーロを導入することによって、信用力が高まったことがおおきく影響している。

国債への投資家は、もしギリシャの発行した国債がデフォルトすれば、ユーロ崩壊の危機をむかえてしまうので、ドイツやフランスは救済するはずであるとふんだ。だから、ドイツやフランス、さらにイギリスの銀行が大量のギリシャ国債を購入したのである。

発行した国債で調達した資金は、ほんらいであれば、産業インフラの整備による経済成長などに振り向けられなければならない。政府が経済の成長戦略を構築し、それを実行して経済が成長していけば、税収が増加し、国債の償還資金にあてることができる。

とはいえ、成長戦略の策定・遂行というのはなかなかむずかしい。国債を発行して資金を調達するにしても、金利の支払いがあるので、慎重におこなわれる。

たとえば、米ドルに自国通貨をリンクさせたタイに大量の資金が流入したことにみられるように、ユーロを導入したギリシャでの長期金利の低下などにより、安易に資金調達がおこなわれるようになった。

大量の資金が流入しても確固たる成長戦略がなければ、その資金は不動産などに流入する。タイで不動産バブルが発生し、それが崩壊して一九九七年にアジア通貨危機が勃発したおおきな原因のひとつはここにある。

ところが、ギリシャのばあいは、資金が不動産に流入するのではなく、国家公務員などの新規採用や待遇の改善に投入された。ギリシャでは何度か政権交代がおこなわれたが、野党は、政権を奪取するために、支援者の国家公務員への新規採用、賃上げや年金の拡充などを約束した。

いざ、野党が政権をとると、国債を発行して低金利で大量の資金を調達し、国家公務員の新規採用と待遇改善などをおこなった。

最悪期には、労働人口にしめる公務員の比率は三割にものぼったという。国債を発行して調達した大量の資金をばらまけば、とりあえずは、景気が高揚するのはとうぜんのことである。こうしてユーロ導入を契機に南欧諸国はバブル景気にわいた。

資産バブルが崩壊したら、深刻な経済・財政危機にみまわれることなど夢にも思わなかったことであろう。

労働改革などによって、生産性を向上させることなど、きれいさっぱり忘れ去られた。バブルに浮かれていたのである。しかも、ギリシャは財政赤字の数字をごまかしていた。

それにたいして、ドイツなどの北欧諸国は、二〇〇〇年代にはいると景気が低迷したこともあって、年金改革などによる財政赤字の削減、労働改革、労働コストの削減などを断行した。

さしものヨーロッパの資産バブルも二〇〇五～六年には変調をきたしていたが、リーマン・ショックを契機に最終的に崩壊した。

資産バブルの崩壊

ヨーロッパでは、アメリカで組成されたあぶない証券化商品（仕組み債）の大量購入による住宅バブルの影響のほか、南欧諸国や東欧諸国などの住宅・建設バブル、ギリシャなどの国債バブル、これらさまざまなバブルが錯綜して発生した。この資産バブルが崩壊したのである。

リーマン・ショックが発生し、証券化商品価格が暴落するとドイツやイギリスやスイスなどの大銀行が膨大な損失を計上した。銀行が自力で損失を償却したり、政府の金融支援をうけたりした。各国政府は大規模な財政出動をおこない、中央銀行も流動性を供給して、なんとか危機の勃発がおさえられた。

南欧諸国や東欧諸国などの住宅・建設バブルの崩壊にたいしても、各国政府と中央銀行の出動によって危機の勃発がおさえられた。

アイルランドでは、法人税率の引き下げなどによって、外国企業の誘致をおこなってきたが、資産バブル期には景気がいちじるしく高揚した。リーマン・ショックが発生すると景気が低迷したが、政府は、大規模な財政出動をおこなったので深刻な財政危機におちいった。

アイルランドのケースは、不動産価格は上昇したものの、深刻な資産バブルが発生したというわけでもないので、ＥＵやＥＣＢなどによる金融支援がおこなわれることで、二〇一三年になると危機は終息し、国債も市場で発行することができるようになった。資産バブルの崩壊による危機ではなく、経常収支は黒字であったので、財政危機がおさまって、経済は回復したのである。

こうして、なんとか経済・金融危機の勃発がおさえられてきたが、二〇〇九年秋にギリシャで粉飾財政があきらかになると、欧州債務危機が勃発した。

そもそもギリシャは二〇〇一年にユーロを導入したが、参加基準である財政赤字のＧＤＰ比三％以下というのも事実ではなかった。二〇〇四年に粉飾が発覚したものの、資産バブル期だったこともあって大事にはいたらなかった。

しかも、なんと独仏がこの基準を遵守していなかった。ユーロを導入してもこの基準は適用されているが、当時、独仏の景気が悪く、財政赤字のＧＤＰ比は三％を超えていた。

それにもかかわらず、独仏は改善努力をしなかったので、この基準は事実上、有名無実化した。ギリシャは「安心」して、財政赤字の数字をごまかして、政権の支持者に大盤振舞したことであろう。

ギリシャの財政赤字がＧＤＰ比で一五％以上にもたっしていることが二〇〇九年一〇月に暴露され、発行国債（借換債をふくめて）はまったく売れなくなった。

そうすると、以前に発行した国債の償還資金を調達できず、デフォルト（債務不履行）ということになる。そこで、ＥＵ、ＥＣＢ、ＩＭＦによる金融支援がおこなわれた。

第五章　金融危機から中央銀行危機へ

二〇〇八年のリーマン・ショックで世界金融危機が勃発した。この危機は、経済危機を誘発した。というのは、金融セクター主導の経済成長が資産バブルとして絶好調をむかえ、未曾有の経済成長が実現したが、それが逆転したからである。

経済・金融危機に対応するために、各国政府が大規模な財政出動をおこなうとともに、中央銀行は金利の引き下げと巨額の流動性を供給した。もちろん、このばあいの中央銀行は、あくまでも政府の危機対応への側面支援という性格が強かったといえよう。

ところが、各国政府による金融危機対応策は比較的効果的であったが、経済危機対策というのはむずかしかった。

財政資金をつかって金融セクターにかわって経済成長を促進するためには、経済成長戦略が政策的に提示され、実行されないかぎり、財政資金を投入しつづけなければならない。ところが、財政資金は無限に投入できない。財政赤字が膨れ上がるからである。

日本のように国債がとりあえずいくらでも国内で消化される国というのは例外中の例外で、たいていは、いずれ国債利回りが跳ね上がり、発行できなくなる。アメリカのように政治の駆け引きで、国債を発行できるのに、発行できないというおそれも出てくる。

こうして、現代資本主義では、中央銀行が経済成長を促進するセクターとして登場する。「最後の貸し手機能（LLR）」というのが中央銀行の重要な機能であるが、現在では、この機能だけでなく、国債市場などの安定をはかる「最後のマーケット・メーカー機能（MMLR）」という機能が注目されるようになっている。

1 経済・金融危機から財政危機へ

（1）日本の経済危機と財政危機

景気の低迷と公共投資

高度成長が終了した後に、金融セクターが主導して経済を成長させてきたが、それが資産（不動産）バブルを発生させた。このバブルが崩壊したので、経済の成長は完全にとまった。

そこで、政府は、膨大な公共投資をおこなって、景気のテコ入れをはかった。同時に、不動産バブル形成の一方の当事者であった建設・土建業に仕事をあたえつづけた。倒産さえしなければ、銀行は損失処理をする必要がないからである。業績が悪化した程度であれば、銀行が融資をして利子を支払わせれば、貸倒引当金額は少なくてすむからである。

金利引き上げの長期化で不動産バブルをつぶしすぎた日本銀行は、連続的に政策金利（当時は銀行への貸出金利である公定歩合）の引き下げをおこなった。そうすると、銀行の業務純益は増加しつづけた。

というのは、政策金利が下がると銀行はただちに預金金利を引き下げるが、企業への貸出金利は、約定で半年とか一年とかきめられているので、ただちには下がらない。この預金金利と貸出金利の引き上げ期間にずれがあるばあいに、銀行の利鞘は拡大する。

銀行は、こうして政府の公共投資と日銀の超低金利政策のおかげで、しばらくは、膨大な利益を獲得し、不良債権処理に資金を投入することができた。銀行が自力で不良債権処理をおこなうということは、それ自体、悪いことではない。しかしながら、日本経済に多大なる負荷をあたえることになった。

景気のテコ入れのために、政府は、膨大な公共投資をおこなったが、その結果、国土が破壊され、環境もいちじるしく悪化し、財政赤字が膨れ上がってきた。財政赤字が膨れ上がると経済が成長しないという実証研究があるが、日本の不動産バブル崩壊過程はそのとおりの展開となったのである。

成長戦略や経済・産業構造の抜本的改革なしに、公共投資による景気のテコ入れをおこなえば、それをつづけざるをえない。終了したら景気が悪化するからである。しかも、銀行が大量の不良債権をかかえたことで、景気が悪化したので、公共投資をやめることができなかった。

天文学的な不良債権をかかえた銀行が、法定の自己資本比率を維持するには、利益を増やして自己資本を増やす必要がある。利益は、不良債権処理にも投入しなければならない。したがって、分母であるリスク資産を減らさなければならない。

当時、企業への融資はリスク資産であったが、国債はそうではなかったので、融資を回収して国債を購入すれば、その金額は分母から消える。したがって、銀行は、新規融資をしないだけでなく、強引に融資の回収（貸し剝がしといわれる）をおこなった。

経営状態が悪い企業は、融資の返済などをもとめられてもできるはずもない。だからといって、経営状態が悪くない企業から融資の回収をおこなえば、倒産してしまう可能性がある。こうして、景気が悪化していくことになった。

大量の不良債権をかかえた銀行が激増し、そのため、銀行のきわめて重要な機能である金融仲介機能が完全にマヒした。マネーは財・サービスの反対側をうごくので、マネーの流れがとまるということは、財・サービスの流れも停止するということである。

もしも、銀行が正常な金融仲介機能を発揮できたとすれば、一九九〇年代中葉からはじまるＩＴ革命が日本でもある程度は進展していたはずである。

膨大な公共投資がおこなわれたものの、このような要因によって、景気はかなり低迷した。

金融「恐慌」の勃発

しかも、銀行は自力でかなりの不良債権処理をおこなったものの、不良債権額の残高はなかなか減らなかった。というのは、景気が低迷することにより、正常債権だったはずのものが、あらたに不良債権となってしまうこともあったからである。

不動産バブルが崩壊した当初は、銀行も売却可能な優良資産を多くかかえていた。これをはやいうちに売却し、大規模な公的資金の投入により、不良債権処理をおこなわせていれば、バブル崩壊不況は、はやいうちに終息したはずである。だが、そうはならなかった。

一九九四年末には、ついに東京のふたつの信用組合が経営破綻し、日銀が特別融資（日銀特融）をおこなった。この破綻が引き金となって、一九九五年夏に信用組合、トップの第二地銀が経営破綻した。ここで、銀行に公的資金の投入が必要だったのに、住宅金融専門会社（住専）の破綻処理の不手際によってむずかしくなった。

住専は、農業系の金融機関から多くの融資をうけていた。農業系の金融機関は、不動産バブルが崩壊するきっかけとなった銀行の不動産融資の総量規制の対象外とされていたので、天下り先である住専の経営破綻をおさえようとする旧大蔵省は、融資をおこなうように要請した。

住専の経営破綻を回避するために、大蔵省は、農業系の金融機関の損失に税金を投入した。これがきびしい世論の批判にさらされたのである。

こうして、不良債権処理に公的資金を投入する道がとざされるなかで、一九九七年にアジア通貨危機が勃発するといよいよ金融危機がせまってきた。

かねてから不動産バブル期の過剰投資を懸念されていた三洋証券が、一九九七年一一月上旬に「会社更生法」の適用を申請して経営破綻した。

そうすると三洋証券が銀行間市場（インターバンク市場）で借りていた資金の返済ができなくなった。信用によって成り立っていたこの市場ではじめてデフォルトが発生したのである。

金融機関には、「会社更生法」を適用してはいけないといわれている。通常は、負債の返済が免除されるからである。そのような事態が発生すると銀行間市場では信用が完全にうしなわれるので、経営状態の悪い金融機関はこの市場で資金を借りられないことになる。

だから、三洋証券が「会社更生法」の適用を申請したと報道されたらただちに、日本銀行は、「三洋証券にかわって資金を返済します」という声明を出せばよかっただけのことである。もちろん、当時、その後に発生する事態を正確に見通したひとはほとんどいなかったので、日銀をせめるのは酷である。

それまで経営状態の悪い銀行を、便宜をはかるということと引き換えに、相対的に優良な銀行に引き受けさせたりしていた監督官庁である旧大蔵省も、その後におこるであろうすさまじい事態など予期せずに、「これで透明な破綻処理ができた」と自画自賛するしまつであった。

こうして、膨大な不良債権をかかえる北海道拓殖銀行と山一証券という大金融機関が、銀行間市場で資金をとれなくなって、ついに経営破綻した。平成金融「恐慌」がついに勃発したのである。

ほんとうの金融恐慌が勃発しかねなくなって、ようやく金融機関への公的資金の投入が国会でみとめられた。だが、実際に投入され、返済されなかった公的資金はたかだか二〇～三〇兆円程度である。

公的資金の投入という金融危機への対応は、それほどおおきな規模ではない。

顕在化しない財政危機

もちろん、最大で六〇～七〇兆円の公的資金投入枠が設定された。金融危機というのは、銀行の預金が払い戻しされるとか、出した資金は日銀が保証するとか、あるいは市場は崩壊させないし、崩壊しないという信認があれば勃発はしない。

ところが、経済危機や景気の後退に対処するには、膨大な財政資金が必要となる。不動産バブル崩壊期の名目GDP規模は五〇〇兆円程度であった。二〇数年経過しても五〇〇兆円ちょっとである。

もし、公共投資をおこなわなければ、GDP規模は激減していたはずである。もちろん、デフレがさらにはげしくなったこともあって、名目GDPがいちじるしく減少したはずである。

不動産バブル崩壊以降、国債発行残高は五〇〇兆円以上も増加している。これだけの財政出動によって、ようやく名目GDP規模を維持することができたのである。平成大不況といわれるゆえんである。地方経済も疲弊したので地方財政の問題も深刻化した。

長期にわたる不況のなかで、財政出動による国債発行残高は八〇〇兆円以上、地方の債務残高は二〇〇兆円以上、総計一〇〇〇兆円を超える政務債務残高がのこっている。現在では、GDP比でじつに二二〇%から二三〇%にもたっしている。

ここまでの天文学的な債務残高があっても、国債の利回りは（長期金利）はなんと一%どころか〇・五%すら下回っている。国と地方で財政赤字をなくして、年間一〇兆円節約し、金利がゼロという非現実的な想定をしても、完済するのに一〇〇年かかる計算になる。

たとえ、消費税率を三〇%という非現実的な水準に引き上げたとしても、財政赤字がなくなるだけである。

したがって、本来であれば、国債を八〇〇兆円以上も発行できないのである。返済（償還）してもらえない可能性がきわめて高いので、だれも国債を買わないからである。本来であれば、国債発行残高がGDP規模の五〇〇兆円にせまったら、国債が売れなくなって長期金利が上昇するはずである。

そうすると、利払い費が激増して財政が破綻する可能性が高くなるので、強制的に財政赤字削減をせまられ、健全財政にもどる。

ところが、不動産バブルの崩壊による長期不況と「貯蓄好き（ただ、それは、老後の不安からだ）」の日本人が、政府に財政赤字削減の努力をサボタージュさせてきた。長期不況で優良な融資先のない銀行には、「預金好き」の国民から膨大な預金があつまってくる。

銀行は、この預金をもっぱら優良運用先としての国債に投資している。

国債の売買価格は、購入者がいれば上昇する。そうすると利回り（長期金利）は低下する。日銀が超低金利政策だけでなく、実質ゼロ金利政策まで遂行してきたので、銀行は、低利であつめた預金を国債に投資して、十分に運用益を獲得することができる。

こうして、政府はいくらでも国債を発行できたので、財政赤字削減の努力はほとんどおこなわれなかった。不況が長期化するとますます国債金利が低下してきたので、なんと利払い費は不動産バブルの崩壊当初よりも少なくなっている。

こうして、世界的にみて絶望的な財政赤字が累積しても、政府は、機動的な財政出動と称して公共投資をつづけている。しかしながら、無限に財政赤字を垂れ流すことはできないので、いずれ、深刻な財政危機と財政破綻が到来するであろう。

金融緩和に消極的だった日銀

日本銀行は、長きにわたり政府から金融緩和が不十分だと批判されてきた。

しかしながら、金融政策では、主体的に経済成長を促進することができないことはもちろん、市場そのもので流通するマネーを直接増加させることもできない。金利操作など伝統的な金融政策では、超低金利政策が限界である。この事実を政治家は理解できないのである。

とはいえ、恐慌などが勃発するおそれがあるばあいには、中央銀行は、あらゆる政策の動員を要請される。日銀も政府の承認のもとに、なんでもできる日銀特融が「日銀法」でみとめられている。

ところが、財政赤字が大幅に増えてもいっこうに財政危機はおとずれない。一九九七年に金融「恐慌」

が勃発したときには、日銀特融をおこなったが、さらなる金融緩和をおこなう必要もなかった。

政府が財政出動をおこなうとともに、金融危機に対応するための公的資金投入のスキームをととのえたからである。

さすがに、一九九七年のアジア通貨危機の勃発、アメリカの株式・ITバブルが崩壊しかかってデフレが深刻化すると日銀は、銀行間市場のオーバーナイト金利を事実上ゼロにするなどの金融緩和をおこなった。もちろん、ゼロ金利政策というのは伝統的金融政策の枠を超えているのでじきに解除された。

解除したとたん景気が失速した。だが、おそらく解除したからではないだろう。

二〇〇〇年初頭にアメリカの株式・ITバブルが崩壊したからである。そこで日銀は、銀行が日銀にもっている日銀当座預金を大幅に増やす量的緩和に踏み込まざるをえなくなった。

それは、銀行のもっている短期証券などを日銀が大量に購入して、当座預金に振り込むといういわゆる買いオペであり、本来は、伝統的金融政策の範囲内ということができよう。

二〇〇〇年代にはいってデフレが深刻化しても日銀は、有効な金融政策をおこなわないとして政治家に批判されてきた。デフレ解消のためにインフレ目標（政府は物価安定目標という）を設定せよという要求も拒否してきた。デフレ下で銀行が日銀に有する当座預金を増やしても、なかなか消費者物価が上昇しないからである。

デフレはマネー現象だから、デフレ解消は日銀の責任という議論に、日銀は抵抗してきた。デフレ解消は、政府の経済政策によってはじめて可能となるからである。ようは、確固たる成長戦略を構築し、実行することでしか解消できないということである。

政府には、まだまだ財政出動の余地があったので、日銀に圧力をくわえながらも、財政規模の拡大による景気のテコ入れをおこなってきた。日銀が伝統的金融政策の枠をおおきく超えなくてすんだのは、そのためである。

(2) アメリカの経済・金融・財政危機

金融危機の勃発

二〇〇八年のリーマン・ショックで資産バブルが完全に崩壊すると、深刻な世界金融危機にみまわれた。多くの金融機関が保有する証券化商品（仕組み債など）価格が暴落し、膨大な損失をこうむった。

アメリカの中央銀行である連邦準備制度理事会（FRB）は、ただちにインターバンク市場に資金供給の用意のあることをあきらかにした。

三洋証券がインターバンク市場でデフォルトをおこし、そのことが日本の金融「恐慌」の勃発の引き金になったということをよく知っていたからである。日銀の「失敗」が生かされたのであろう。

ただちに、七〇〇〇億ドルという巨額の公的資金の投入がアメリカ議会でみとめられた。

日本では、不良債権処理のために公的資金が投入されるまで、じつに七年の歳月を要した。投入がおくれたために、景気は低迷し、不良債権も激増していった。この事実もアメリカはよく学んでいたのである。

もちろん、そうかんたんには議会を通過しなかった。一度目の提案は否決された。そうすると金融恐慌勃発が連想されて株価が大暴落した。そのため、再提案されると議会をとおった。

再提案も否決されれば、一九二九年世界恐慌以来のすさまじい世界恐慌が勃発したはずである。当時、世界の金融機関は、五〇〇兆円もの損失をかかえているといわれていたからである。

もしも、公的資金の投入がおこなわれなければ、金融機関は、自前で損失を計上し引当金をつまなければならなかった。おそらく、自己資本比率がマイナスになる金融機関も数多くあったことだろう。そうなれば経営は破綻する。

この公的資金によって、金融機関に資本注入がおこなわれた。価格が暴落した証券化商品（仕組み債など）の償却をおこなうには、膨大な自己資本が必要だからである。

この公的資金の投入は、金融機関に限定されたはずなのに、なぜかいろいろな理屈をつけて、経営破綻寸前の自動車会社であるGMとクライスラーにも投入された。公的資金による援助をして、自動車会社の債務を株式化し、債務の軽減をはかったのである。

世界中に売却されたCDS

おなじ投資銀行でもベア・スターンズは救済したにもかかわらず、リーマン・ブラザーズを救済せずに破綻させたのは、世界最大の保険会社AIGを救済するためであったといわれている。

リーマン・ブラザーズは投資銀行（日本でいう証券会社）で、支払い決済システムにはいっていないので、破綻させても金融システムが崩壊しないとふんだからかもしれない。

AIGを経営破綻させると、ほんとうの意味での世界金融恐慌が勃発した可能性がある。というのは、AIGは、デリバティブの一種であるCDS（クレジット・デフォルト・スワップ）を多くの金融機関や投資家と契約していたからである。

モノライン保険会社は、証券化商品で損失をうけたときに、その損失を補填する契約を締結していた。ところが、補填できずに多くの保険会社が倒産した。ＣＤＳは、これと同種の金融商品である。ＡＩＧは、損失を補填するかわりに保険料をとるというＣＤＳを多くの金融機関や投資家に販売していた。ＣＤＳの契約額というのは、二〇〇七年にはじつに七〇〇〇兆円もの規模にたっし、当時の世界のＧＤＰ規模五〇〇〇兆円あまりをはるかに超えていた。

二〇〇七年八月に傘下の子会社が投資に失敗して清算されるというパリバ・ショックを契機に、さまざまな証券化商品の価格が下落することで事態が一変した。

その結果、ＣＤＳを売却し、膨大な損失補填契約を締結していたＡＩＧは、補填にそなえて引当金をつまなければならなくなった。

ベア・スターンズが経営破綻すると、その規模が拡大し、ＡＩＧは膨大な損失を計上せざるをえなくなっていた。もしもＡＩＧが経営破綻すると、損失を補填してもらえない金融機関などは、損失が膨れ上がってのきなみ経営破綻するおそれがあった。

ところがその当時、まだ金融機関への公的資金投入のスキームができあがっていなかった。

日本で北海道拓殖銀行が破綻を回避しようとして北海道銀行との合併を画策したときに、公的資金を投入するスキームができあがっていれば、北海道拓殖銀行は経営破綻しなくてすんだかもしれない。同行に日銀が資金供給をおこなって不良債権を処理させれば、合併が成功した可能性が高かった。

しかしながら、合併する個別行に日銀が資金供給することは、当時としてはゆるされなかった。だから経営破綻したのであろう。

ＦＲＢとしても、ＡＩＧに一〇兆円あまりもの巨額の資金を投入することはできなかった。

そこで、経営危機におちいっていたリーマン・ブラザーズを救済せずに経営破綻させたのかもしれない。事実、リーマン・ショック直後にＦＲＢが巨額の資金供給をおこなっても、ほとんど批判は出なかった。むしろ、金融危機の深刻化を防止したと評価するむきもあったようである。

日本では、北海道拓殖銀行と山一証券が経営破綻したとき、どうして公的資金を投入しないのかという世論が醸成された。それまで、世論がこわくて、どうしても公的資金の導入ができなかったのに、あっというまに六〇、七〇兆円という公的資金の投入が国会でみとめられた。

この事例をアメリカが踏襲したのであろう。

ＦＲＢの量的緩和（ＱＥ）

リーマン・ショックが発生してから米中央銀行ＦＲＢも金融緩和をおこなってきた。ベン・バーナンキ前ＦＲＢ議長は、資産バブルはおさえなくても、崩壊したら金融政策で景気の低迷やデフレへの突入を阻止できると考えていたといわれている。

アラン・グリーンスパン元ＦＲＢ議長も、バーナンキ前議長も、資産バブルがはげしくなる前に金融引き締めに転換することはなかった。

もちろん、アメリカの住宅価格の伸び率が低下する兆しがみられると引き締め政策を転換し、パリバ・ショックが発生すると本格的な金融緩和政策をおこなった。各国中央銀行とも連携して、米ドルの供給体制を構築し、国際的な金融危機の勃発を阻止しようとした。

リーマン・ショックで世界金融危機が勃発すると、日本のようにデフレにおちいってはならないとして欧米中央銀行は積極的な金融緩和を断行してきた。

二〇〇八年末には、政策金利で事実上のゼロ金利政策を採用した。金融危機の勃発を阻止するために、国債や社債やコマーシャルペーパー、さらには住宅ローン担保証券（MBS）の購入などがおこなわれた。それは、金融危機に対応し、市場の安定をはかるためであった。

FRBは、国債の購入によって長期金利を引き下げるとともに、社債などの購入によって、企業の資金調達を円滑にし、MBSを購入することによって、住宅ローン金利を引き下げて住宅市場を活性化させようとした。

日本銀行の量的緩和は、日銀当座預金という負債項目を増やすものであるのにたいして、FRBのばあいには、当初、国債やMBSなどの資産を購入するものなので、信用緩和であると説明されていた。しかし、一般には、日本とおなじような量的緩和（QE）であって、QE1とよばれている。このQE1が終了すると景気の低迷がはっきりしてきた。

そこでQE2が実施された。これは、米国債を大量に購入し、長期金利を引き下げるとともに、市場に大量の資金を供給しようとするものなので、FRBは、大規模資産購入（LSAP）とよんでいる。ただ、一般にはQE2という呼び方が定着している。

このQE2が終了するとやはり景気が低迷した。失業率も顕著には低下しなかった。

二〇一二年九月には、大量のMBSを購入して住宅市場を活性化させようというQE3が実施された。一二月には、米国債の購入をきめ、国債とMBSを毎月八五〇億ドル買いすすめることになった。

QE2では、FRBに国債を売却した資金が、株式市場以外にはアメリカ国内にあまり投資されず、もっぱら資源・穀物市場や新興国に流入した。

その結果、資源・穀物価格が上昇するとともに、新興国で商品バブル現象が発生した。アメリカは、新興国にバブルを輸出しているときびしい批判をあびた。

QE3では、FRBは毎月八五〇億ドルもの国債とMBSを購入したので、国債金利が低下し、住宅ローン金利も低下し、株式市場が高揚するとともに、住宅市場が高揚した。ところが、QE3を終了させる出口戦略をとることは、なかなかできなかった。

二〇一三年五月にバーナンキ前FRB議長がQE3の縮小という出口戦略の可能性を示唆したとたんに、新興国から大量の資金が引き揚げられた。新興国で景気が低迷するとともに通貨安にみまわれたので、インフレが高進した。

財政出動と財政危機

資産バブルが崩壊すれば、景気はいちじるしく低迷する。というのは、金融セクターが主導する経済成長というのが終結してしまったからである。したがって、景気のテコ入れのために、大規模な財政出動が必要となる。

アメリカ政府は、二〇〇九年二月に八〇〇〇億ドル規模の景気対策をおこなった。財政規模も拡大したので、財政赤字が膨れ上がっていった。

そもそもビル・クリントン政権（当時）末期の一九九〇年代末には、株式・ITバブルのおかげもあって、単年度では財政黒字となった。バブル景気で税収が激増したからである。

日本でも不動産バブル末期には、財政赤字が減少し、国債の発行がおこなわれなくなると、優良な金融商品がなくなると心配されることもあった。もちろん、まったくの杞憂あったが。

せっかく財政黒字になったのに、イラク侵攻が事態を一変させた。イラクが大量破壊兵器を隠しもっている証拠があるとして、国連決議もなしにアメリカはイラクに侵攻した。だがそれは、まったくの嘘いつわりであった。

超絶的な軍事力を有するアメリカがイラクに侵攻したので、あっという間に大規模戦闘は終了した。問題は、対テロ戦争というものがもしあるとすれば、そのあとに「戦争」がはじまるということをアメリカがまったく理解していなかったことである。こうして、アメリカは、対テロ戦争の泥沼にはまり込み、財政赤字が膨れ上がっていった。

ちょうど資産バブル期にイラク侵攻がつづいた。もしも、イラク侵攻がなければ、資産バブル期にはそうとうの財政黒字が累積したはずである。そうすれば、資産バブルが崩壊して、財政出動をおこなっても、財政危機にはいたらなかったかもしれない。

しかし、イラク侵攻戦費がかさなっていたなかで、金融・経済危機対策で膨大な財政出動をおこなったので、財政赤字が膨れ上がった。年間一兆ドルの財政赤字が数年つづいた。

そして、ついに二〇一一年八月に債務上限の引き上げができないのではないかという大問題が浮上した。前年の中間選挙で与党民主党が下院で過半数を割ったために、上下両院でのネジレ現象が発生していたからである。

小さな政府をもとめる野党共和党は、歳出を抜本的に削減しなければ、債務上限の引き上げにはおうじないと強硬姿勢をつらぬいたのである。

このときには、軍事費をふくむ歳出の削減を条件に、債務の上限引き上げがみとめられたが、第二幕が二〇一三年一〇月に切って落とされた。

野党共和党が医療保険改革にともなう予算を削らないかぎり、予算案はみとめられないとして、政府機関の閉鎖などがおこなわれたのである。さらに、債務上限引き上げもみとめないとしたので、米国債への利払いができず、史上はじめて米国債のデフォルトかという危機にみまわれた。

このときには、予算案については二〇一四年の一月までみとめる、債務上限の引き上げは二月まで上限を引き上げるということでかろうじて危機が回避された。

(3) ヨーロッパの債務危機

金融危機の勃発

リーマン・ショックをきっかけとして、ヨーロッパ諸国でも金融・経済危機が勃発した。

アイスランドは国家破産状態におちいった。資産バブル期に銀行が、GDPのなんと五倍にものぼる預金を受け入れていたからである。

高金利をかかげたので大量の預金があつまったが、とうぜんながら国内に運用先はない。そこで、受け入れた預金をアメリカで組成された証券化商品（仕組み債）などで運用した。

リーマン・ショックで世界金融危機が勃発すると証券化商品市場は瓦解した。そうするとアイスランドの銀行にすさまじい損失が発生し、預金の払い戻しができなくなった。

預金は、おもにイギリスやオランダなどから受け入れていたが、これをアイスランドの銀行は政府と結託して踏み倒した。

国家破産の危機にさいしてアイスランドはＩＭＦに金融支援を要請した。さいわいユーロを導入していなかったので、通貨が崩落して輸出が増加し、かろうじて国家破産をまぬがれることができた。アイルランドは、外国企業を誘致して、経済成長を促進するために、法人税率を一二・五％まで大幅に引き下げていた。

ところが、世界金融危機の勃発で景気がいちじるしく低迷した。景気のテコ入れのために、減税や財政出動をおこなったので、財政危機におちいった。そこで、ＥＵやＩＭＦなどからの金融支援をうけた。アイルランドは、資産バブルが崩壊して危機におちいった銀行に金融支援をおこなったので財政危機にみまわれた。

ユーロを導入していたので、金融危機でユーロ安が生じた。そのおかげで、輸出が増加した。赤字縮小のため法人税率の引き上げをもとめられてもおうじなかったこともあって、外国からの企業が進出してきた。

増税や歳出削減で二〇一〇年の財政赤字のＧＤＰ比三二％から一四年に五％まで縮小してきたので、一三年一二月一五日にＥＵなどからの金融支援が終了した。

東欧諸国やバルト三国などは、資産バブル期に西ヨーロッパの銀行から大量の資金が流入して住宅バブルが発生した。したがって、バブルが崩壊するとハンガリーなどは財政危機におちいり、ＩＭＦから金融支援をうけた。

資産バブルが崩壊して東欧諸国やバルト三国などは金融危機におちいった。これらの国々の銀行に融資したのが西ヨーロッパ諸国の銀行なので、ＥＵやＩＭＦが救済措置をとり、とりあえずは、経済・金融危機が勃発することはなかった。

市場で国債発行ができなくなったギリシャは、ほんらいであれば、デフォルト（債務不履行）となる。しかも、ギリシャは、一九世紀から一九二九年恐慌まで五回もデフォルトしている。

ユーロを導入していなければ、デフォルトすることで債務がなくなるし、ユーロ導入以前の通貨ギリシャ・ドラクマが暴落して、輸出が増えて経済が成長していく。時間はかかるが、いずれ市場で国債を発行できるようになる。

ところが、ギリシャが単一通貨ユーロを導入しているので、そうかんたんにデフォルトというわけにはいかないのである。

南欧諸国への金融支援

そこで、二〇一〇年五月にEUとECBとIMFによるギリシャ支援体制がととのえられた。フランスは、アメリカの影響力の強いIMFの関与をきらったが、EUだけでなく、国際的な支援という形態にしたいドイツの意向で参加することになった。

資産バブル期に膨大な国債発行をおこなったギリシャに膨大な財政赤字が累積していることは、投資家の間でも周知のことであったので、欧米で資産バブル崩壊のきざしが出てくると長期国債の発行ができなくなった。短期国債しか発行できなくなったので、すぐに償還しなければならなかった。

そうしたなかで、二〇〇九年一〇月にギリシャで財政赤字の粉飾が暴露されると、国債の発行ができなくなった。だれも購入しなくなったからである。

膨大な財政赤字で資金がないので、既発債の償還資金は国債を新規に発行して資金を調達しなければならないが、それができなくなれば、デフォルト（債務不履行）におちいり、ユーロ崩壊の危機がせまる。

そこで、ギリシャにたいして国債の償還資金と財政資金が支援されることになった。その大前提は、財政赤字の削減などによる緊縮財政をおこなうことである。健全財政になれば、市場で国債を発行し、資金を調達することができるからである。

しかしながら、国家公務員などを増やしつづけることで好景気を謳歌してきたギリシャで、公務員の削減などをおこなえば景気が低迷するのはとうぜんのことである。失業率も跳ね上がっていった。

ギリシャの赤字削減がなまぬるいということもあって、なかなか予定どおりに財政赤字は減少しなかった。数次にわたる金融支援がおこなわれたのはそのためである。

銀行融資によって発生したすさまじい住宅・建設バブルが崩壊したスペインでは、銀行救済と景気のテコ入れのために膨大な財政出動をおこなったので、深刻な財政危機にみまわれた。

ＥＵに金融支援を要請したが、緊縮財政をもとめられたので、景気がいちじるしく悪化し、失業率は二五％を超えた。

このように、ＥＵは、南欧諸国への金融支援をおこなってきたが、それは、ひとつは、国債のデフォルトが発生するとユーロ崩壊の危機がおとずれ、世界恐慌が勃発する可能性が出てくるからである。だが、ギリシャがデフォルトしてもユーロ崩壊にいたる可能性はそれほど高くはない。

もうひとつは、南欧諸国がのきなみ深刻な金融危機におちいると、国債を保有したり、融資をおこなっているドイツやフランスやイギリスなどの銀行がのきなみ経営危機におちいってしまうからである。

西ヨーロッパだけでなく、南欧諸国の銀行も東欧諸国やバルト三国の銀行に大量の融資をおこなっているので、東欧諸国でも経済・金融危機が勃発する危険性が高まった。

ドイツは、二〇〇〇年代初頭に、年金改革や労働市場改革をおこなってきたので、世界経済・金融危機に有効に対応することができた。しかし、南欧諸国はあまり労働市場改革をおこなってこなかったこともあって危機が深刻化した。資産バブルにうかれていたからであろう。

ユーロ導入とドイツ

ギリシャ危機が顕在化して、ヨーロッパの債務危機が勃発したら、ついにユーロ崩壊という危惧が出てきた。政治統合なしの通貨統合はしょせん崩壊するとまでいわれた。

しかし、単一通貨ユーロの導入というのは、経済的な要請ということもさることながら、政治的論理で実現したものであることをみなければ、事態の本質があきらかにならない。

ユーロ崩壊といわれながら、なぜそうならないかといえば、ひとつは、ＥＣＢが食い止めているからということもさることながら、もうひとつは、ユーロそのものの矛盾がさいわいしているからであると考えられる。

ＥＵでは政治統合がなされていないこともあって、各国が国債を発行できる。おおきな経済格差があるのに単一通貨を導入したので、ドイツにとってのユーロは割安、南欧諸国にとって割高という矛盾が生じた。だから、ドイツでは、事実上は通貨安ということになるので輸出におおいに有利である。

しかも、ギリシャが本来はゆるされないはずなのに、無頓着に国債を発行し、債務危機におちいったおかげでユーロ安がすすんだ。

ドイツは、すでにかなりきびしい労働市場改革を断行し、企業の国際競争力が高まったこともあって、世界経済・金融危機が勃発しても対応力がそなわっていた。また、資産バブルが発生しなかったので、バブル崩壊不況にみまわれることもなかった。

したがって、本来であれば、自国通貨高になったはずである。ところが、ユーロを導入しているおかげで通貨安になった。これがユーロ導入の大きな「矛盾」である。

ドイツ連邦統計庁によれば、二〇一三年九月の貿易黒字は二〇四億ユーロと、それまで過去最大だった二〇〇八年六月の一九八億ユーロを上回った。それは、企業の国際競争力の向上、自動車などで高付加価値商品に特化してきたことなどによるものである。その追い風となったのがユーロ安であった。

さらに、一九九〇年の東西ドイツ統一時に財政赤字が拡大したこともあって、健全財政につとめている。債務危機にあたって、南欧諸国などに緊縮財政をせまっているのもそのためである。

したがって、建設業などは、公共投資に依存できないので、外国などに自力でビジネス・チャンスをみつけている。

ドイツからの輸出が拡大すれば、東欧などをはじめ周辺国での部品需要なども拡大するので経済成長促進効果は高い。ただし、輸出産業の弱いギリシャなどはあまり恩恵をうけられない。

したがって、ドイツは、南欧諸国などへの金融支援というのは、ユーロ安の「手数料」と考えているはずである。ユーロが崩壊するといわれながら、崩壊しないのはそのためかもしれない。

2　中央銀行の「最後の成長促進機能」

(1) 日米欧の非伝統的金融政策

米FRBのQE　バーナンキFRB前議長が一九二九年世界恐慌の研究者であることが、その金融政策をおおきく規定することになった。

かれは、世界恐慌が歴史上最悪で長期化したのは、中央銀行が徹底的な金融緩和をおこなわず、むしろ引き締めをおこなったからだというフリードマンの主張を支持していた。

日本の資産バブル崩壊不況の最大の教訓は、資産価格の上昇がバブルになるまえにつぶさなければ、バブル崩壊によるデフレと長期不況にみまわれる可能性がけっして低くはないということである。

もっとも、中央銀行の役割は、「パーティが佳境にはいったときに、酒を取り上げること」といわれている。だが、そんなことなどできるはずもない。

グリーンスパン元議長もバーナンキ前議長も資産バブル期には、それを抑制する抜本的な金融政策をとることはなかった。

資産バブル崩壊のきざしがみえてから、かれらはようやく重い腰を上げた。

しかし、リーマン・ショックが発生すると世界金融危機が勃発したので、事実上のゼロ金利政策、国債や住宅ローン担保証券（MBS）や社債などを大量に購入するいわゆる量的緩和（QE）政策をただちに発動した。それまでの金利政策ではなく、リスク資産を大量に購入する非伝統的金融政策に踏み込んだのである。

とはいえ、消費者物価上昇率は下落する一方であった。二〇一三年七月にはじつに一・一％まで低下した。アメリカでは、通常、二％を下回るとデフレといわれているので、事実上のデフレ状態におちいってしまった。

最悪期に一〇％を超えていた失業率は、二〇一四年一二月に五・六％まで低下したので、三次にわたるQE政策が功を奏したようにみえる。しかし、リーマン・ショック前の労働参加率にもとづいて計算しなおせば、ほぼ一貫して一二％前後で推移しているという。

求職活動をあきらめたひとが多いということなので、実質的な失業率はほとんど低下していないということなのかもしれない。しかも、雇用増のかなりは、パートなどの非正規雇用である。

したがって、FRBの金融政策の重点は、壊滅的打撃をうけた住宅ローン市場の立て直しにあった。実体経済が主導する経済成長ができなくなったアメリカは、ふたたび住宅市場の高揚によって、経済成長を実現しなければならなかった。

金融セクターは、世界金融危機の再現をゆるさないということから、規制強化の方向にすすんでいたので、金融セクター主導の経済成長ができなかったからでもある。

住宅ローン金利を引き下げて住宅需要を喚起するために、FRBは、MBSを大量に購入した。中央銀行が市場金利の引き下げに乗り出したのである。

国債の金利を引き下げて景気の高揚をはかろうとして、大量の国債を購入してきたのである。企業の資金調達を容易にするために、社債やコマーシャルペーパーも購入した。

このように、中央銀行が積極的に市場に介入するようになったのである。

南欧諸国などの債務危機は、膨大な財政赤字をかかえ、市場で資金調達ができないということで勃発した。

欧州中央銀行の金融政策

ユーロを導入していなければ、ほんらいであれば、デフォルトしても、通貨が暴落して、輸入の減少・輸出の増大などによって、いずれ経済が立ち直る。

もちろん、借金を踏み倒す国もあるので、アルゼンチンのように、一度デフォルトするとそんなにかんたんには、国際金融市場で資金調達できるようにはならないが、これが歴史の繰り返しであった。

ギリシャなど南欧諸国の債務危機が顕在化するとEUなどによる金融支援スキームがととのえられて、とりあえず危機の勃発が回避された。

しかしながら、金融支援は緊縮財政が大前提になっているので、景気がいちじるしく後退する。そうするとますます緊縮財政がむずかしくなるというジレンマにおちいってしまった。

財政危機が顕在化して、ギリシャ国債の利回りが高騰したので、国債発行ができなくなった。そうすると歳出ができなくなってしまうだけでなく、既発債への利払いができなくなると、ここでもデフォルトという事態におちいってしまう。

したがって、EUなどが必要な支援をおこなったのである。

こうして、債務を多くかかえた国が市場で国債を発行しづらくなってしまい、資金調達機能がそこなわれてしまう。中央銀行であるECBが購入者として市場に登場すれば、正常に機能するようになる。

ところが、ECBが個別の国債を購入することには、ドイツなどからはげしい反発があがった。

そこで、ECBは、銀行に巨額の低利資金を提供して、その資金で南欧諸国の国債などを購入させる政策をとったが、巨額の財政赤字のために償還がむずかしい国債は価格が下落する可能性が高い。損失が出るのがわかっている国債を銀行が購入することはないからである。

したがって、二〇一二年九月に欧州安定メカニズム（ESM）に金融支援を要請した国の国債は無制限にECBが購入するとしたのである。この声明でとりあえず市場は安定した。

二〇一三年一一月七日にECBは、政策金利を〇・二五％引き下げて〇・二五％とした。それは、欧州債務危機が一段落したものの、資産バブル崩壊による危機が長期化して個人消費が落ち込み、消費者物価の下落傾向に歯止めがかかっていないことによるものである。

二〇一三年一月の消費者物価上昇率が二・〇％から一〇月には〇・七％とついに一％を割った。ちなみに、一五年一月には、ついに〇・六％のマイナスとなり、ECBは、量的緩和に踏み込んだ。

二〇一三年一一月一三日にバーナンキ議長（当時）の後任候補であったジャネット・イエレン副議長（当時）が、景気が回復すればQEを縮小するが、当面、QEをつづけるという声明を出したが、おなじ日に、ECBのチーフエコノミストであるプラート専務理事は、追加緩和についての発言をおこなった。

それは、ECBの預金金利をマイナスにすること、銀行への長期の貸付、さらにアメリカとおなじように国債や金融商品を購入する量的緩和（QE）に踏み込む可能性まで示唆するものであった。

消費者物価上昇率がマイナスに落ち込む日本のような本格的なデフレにみまわれたら、伝統的な金融政策では抜け出すことが至難のワザだからであろう。デフレに対処するにははやい段階ですみやかに大規模な対策をとらなければならないというのが日本の教訓である。

米FRBは、二〇一三年五月に景気が回復基調をみせたばあいのQE3の縮小を明言し、ECBは、LTRO（長期リファイナンス・オペーレーション）で銀行に資金供給をおこなっていたが、これを回収していた。日銀だけが同年四月に「量的・質的緩和」という金融緩和をおこなっていた。

日本の量的・質的緩和

日本は、不動産バブルの崩壊により長期不況におちいったが、一九九〇年代末から、一九二九年世界恐慌以降、工業国ではじめてという本格的なデフレにみまわれた。

それは、デフレというのはマネー現象であるにもかかわらず、不動産バブルが崩壊してから、日本銀行が抜本的な金融緩和をおこなってこなかったからだ、と多方面から批判されてきた。

もしそうだとすれば、三次にわたる量的緩和（QE）を断行してきたアメリカで、どうしてデフレ状態におちいったのかということを、まったく合理的に説明することができない。

ヨーロッパでも、制度上の限定はあるものの、二〇一二年夏にECBも総裁の名前をとったドラギ・マジックといわれる金融緩和がおこなわれた。しかしながら、急激にデフレ状態におちいったことが説明不能である。

日本では、欧米よりも大規模に財政出動をおこなうことができたので、日銀は抜本的な金融緩和をおこなわずにすんだ。もちろん、実質ゼロ金利政策や日銀当座預金量の規模を大幅に拡大する量的緩和をおこなった。しかし、デフレから脱却することはできなかった。

欧米でもデフレ状態を克服できないという事例からもわかるように、デフレはマネー現象とはいえないので、中央銀行の非伝統的金融政策だけで克服することはむずかしい。成長が停止した現代経済においては、経済・産業構造の大転換が不可欠だからである。

日本でデフレにみまわれるとますます円高が進行した。デフレというのは通貨の価値が上がることなので、外国の通貨にたいしても強くなるからである。そうすると石油や穀物などの輸入物価が下落するので、デフレがさらに深刻化した。

逆に輸出価格が上昇するので輸出企業の業績が悪化して、株価が下落し、景気が低迷した。

デフレになるとひとびとは買い急ぎをしないし、企業の名目の売上高も減少し、利益が少なくなる。そうすると賃金も下落するし、企業は、利益の減少に対処するために、労働コストの低い非正規雇用を増やすので、個人消費がますます減少して景気が悪くなる。モノが売れなくなるので価格を引き下げるとデフレがさらに深刻化する。

日本は、このようなデフレ・スパイラルという状態におちいっていた。ほんらいであれば、このデフレを克服できるのは政府の経済政策である。ところが、現代資本主義では成長が停止しているので、抜本的な成長政策など策定できるはずがない。

日本銀行も金融政策の限界をあきらかにして、政治の圧力をある程度ははねつけてきた。一九九七年に制定された新「日本銀行法」で、政府が日銀総裁・副総裁をはじめとする政策委員の解任ができなくなるなど、日銀の政治からの独立性がある程度は付与されたからである。

ところが、二〇一二年一二月におこなわれた総選挙で自民党が圧勝したことで事態が一変した。

二度目の首相に返り咲いた安倍晋三氏は、日銀に圧力をかけて大胆な金融緩和をおこなわせることでデフレを克服できるという信念をもっていた。そこで、日銀に積極的金融緩和論者である黒田東彦氏を総裁、岩田紀久男氏を副総裁として送り込んだ。

かくして、二〇一三年四月に日銀金融政策決定会合で、日銀総裁が質的・量的金融緩和とか異次元緩和とか、自画自賛する金融政策を決定した。

それは、二年間で消費者物価上昇率二％、ベースマネー（日銀当座預金と銀行券と貨幣）を二倍、国債の購入額を二倍とするというきわめて非現実的なものであった。

もちろん、消費者物価はとりあえず上昇した。それは、非常識な金融緩和によって円安が進展したからである。円安がすすめば、輸入物価が上がるのはとうぜんである。二〇一四年四月には消費税率が五％から八％に引き上げられたので、消費者物価上昇率は三％を超えた。

（2）ＬＬＲとＭＭＬＲ

日米欧のデフレ

日本で先行的にデフレにみまわれ、二〇一三年にはいるとアメリカでも実質的にデフレ状態においった。ヨーロッパは、一五年にはいるとデフレにおちいった。

日米欧が同時に事実上のデフレ状態におちいるのは一九二九年世界恐慌以来のことである。

デフレ状態におちいったのは、ひとつは、一九九〇年代に中国などの新興国が資本主義の市場に登場することにより、生産コストが劇的に低下したからである。

それは、新興国の賃金水準は、日米欧諸国の数分の一、数十分の一であった。ただ、中国などには、当初、いくら労働コストが低くてもモノづくりの質がきわめて低かったこともあって、欧米諸国は進出しなかった。

ところが一九九〇年代にはいると不動産バブル崩壊不況におちいった日本企業が、コスト削減のために大挙して中国をはじめ新興国に直接投資をおこなった。日本企業は、必死になっていいモノ作りができるように指導した。

そうすると欧米企業も直接投資を本格化した。しかし、労働コストが低ければ、そのぶんの利益が増えるだけであった。

ところが、日本では大不況がつづき、個人消費が冷え込んでいたので、労働コストが下がったぶんの価格を引き下げて売った。したがって、日本が欧米諸国より一足先にデフレにみまわれたと考えられる。欧米諸国が資産バブル崩壊によって景気の低迷がつづくと、日本とおなじようにデフレ状態においっていったことであろう。

もうひとつは、資産バブルの崩壊によって経済・金融危機が財政危機に転化していくと、欧米もそろってデフレ状態に突入したことである。

財政赤字のＧＤＰ比が九〇％を超えると経済成長がとまるという実証研究がある。資本主義の成長がとまっているなかで、財政赤字が累積すれば、ますます成長ができなくなる。

成長がとまれば設備投資も低迷するので、生産性は上昇しない。そうすると賃金も上昇しないので、消費者物価が上がらずデフレ状態におちいる。成長がとまった中国でもそうである。

財政危機によって財政出動ができなくなると欧米中央銀行が前面に出てくるようになった。そうすると、中央銀行マネーがもっぱら株式市場や新興国の市場に投入されるようになって、自国の実体経済にあまり投入されなくなるので、消費者物価はあまり上昇しなくなる。

三つ目に、このような要因のほかに、とくに日本のばあい、円高の進行とともに、二〇〇〇年代にはいると輸入価格が上昇するのに、輸出価格が上がらないという交易条件の悪化がめだってきたが、そうすると企業は、賃金の引き上げに消極的になるので、消費者物価が上がりにくくなったことがある。

したがって、日銀の量的・質的緩和で一ドル＝一〇〇～一二〇円の円安になると輸入価格が上昇し、消費税率の引き上げで消費者物価上昇率が三％になったとしても、為替相場が安定して消費税率が八％であれば、二〇一五年度の消費者物価上昇率はゼロになり、デフレにもどるかもしれない。

日本のばあいには、一年や二年くらいデフレから脱却したとしても、その後はまたデフレにもどることになるであろう。というのは、成長が停止しているなかで、抜本的な経済・産業構造改革が断行されるとは考えづらいからである。

しかも、二〇一四年後半になると原油価格が高値から半分以下に騰落した。

ところが、いずれとおくない将来、本格的な財政危機にみまわれる可能性がきわめて高いので、「待望」のインフレが高進することになると考えられる。しかし、それは、日本経済を崩壊させる悪性インフレであろう。

狭義のインフレ目標の限界

インフレやデフレを阻止するのが中央銀行の使命である。この使命をはたすために、二％程度の消費者物価（インフレ）目標を設定して金融政策をおこなう中央銀行が増えてきている。

たとえば、英イングランド銀行のばあい、消費者物価上昇率前年比二％を目標（ターゲット）とし、この目標を一～三％の範囲を超えると財務大臣に原因と対応策について公開書簡を提出する義務がかせられている。

しかし、インフレ目標には二種類ある。このことをみてよう。

米ハーバード大学ケネディスクールのジェフリー・フランケル（Jeffrey Frankel）教授の二〇一二年五月一六日付のエッセイは、「インフレ目標政策の死」という衝撃的なものである（Frankel J., "The Death of Inflation Targeting," May 16 2012. [http://www.project-syndicate.org/commentary/the-death-of-inflation-targeting]）。

その結論は、インフレ（物価）目標は、リーマン・ショックが発生した二〇〇八年九月に死の宣告をうけたというものである（翁邦雄『金融政策のフロンティア——国際的潮流と非伝統的政策』日本評論社、二〇一三年）。

インフレ（物価）目標は、一九九〇年三月にニュージーランドで誕生したが、それが成功すると、カナダやイギリス、オーストラリア、スウェーデン、イスラエルのほか、ラテンアメリカや発展途上国にも広がっていった。

それは、その透明性と説明のしやすさからであった。中央銀行は、インフレ目標とその結果について説明すればいいので、国民の理解をえやすい。

インフレ目標が二％なのに、結果が四％であれば、インフレをおさえることができなかったということで、責任の所在はじつに明快である。このばあいのインフレ率というのは、消費者物価上昇率のことである。

教授のいうとおり、インフレ目標は、リーマン・ショックが発生した二〇〇八年九月に最大の敗北を喫した。インフレ目標に全幅の信頼をおいていた中央銀行が、資産バブルに十分な注意を払わなかったことがはっきりしたからである。

教授のいうインフレ（物価）目標政策というのは、短期間で消費者物価目標の達成だけをめざすというものであろう。これが狭義のインフレ目標政策といわれるものである（『週刊　ダイヤモンド』二〇一三年二月二日）。

ところが、消費者物価を目標にすると、たとえ資産バブルが発生しても、消費者物価が目標内におさまっていれば、資産バブルの抑制のために、金融引き締めをおこなうことができない。経済・金融システムが危機的な状況にあってもできない。

フレキシブル・インフレ目標政策

欧米の住宅バブル期には、消費者物価が安定していた。そうしたなかでは、住宅価格と資産価格が上昇しても、金利の引き上げや金融引き締めをおこなうことの正当性を説明するのはかなりむずかしい。

ニュージーランドの中央銀行総裁は、すでに、そのことを指摘していたという。

この指摘は、アメリカの資産バブルの生成と崩壊にあてはまるかもしれない。

アメリカの中央銀行であるＦＲＢのバーナンキ前議長は、資産バブルが崩壊したばあい、それこそ大胆な金融緩和をおこなえばバブル崩壊不況に対応できるので、資産バブルが発生しても、金融引き締めをおこなう必要がないと考えていたようである。

一九九二・九三年のヨーロッパの欧州通貨制度（ＥＭＳ）危機のようなことが想定されるのであれば、インフレ撲滅のために、そうかんたんには金融引き締めをしてはならない。

したがって、現在では、この狭義のインフレ目標を採用する先進国は存在しないはずである。イギリスやカナダなども、目標（ターゲット）という言葉をつかっているが、実際の政策運営は、消費者物価だけをターゲットにした狭義のインフレ目標にもとづいて金融政策を遂行していない。

イングランド銀行は、二〇〇七年四月以降、ときおり物価目標からはずれて消費者物価が上昇しているので、何度も釈明の公開書簡を財務大臣に提出している。物価目標からはずれたら、そうしなければならないことになっているからである。ただ、それだけのことである。

イングランド銀行は、消費者物価の上昇にはあまり頓着していないようである。世界経済・金融危機下でイングランド銀行は、物価が高騰しても、景気の減速に対応するために、市場に大量の資金を供給せざるをえないからである。

もし、消費者物価が目標を超えたからと、金融の引き締めなどおこなったら、それこそ恐慌が勃発してしまう。

このように、イギリス、カナダ、オーストラリア、ニュージーランド、スウェーデンなどの中央銀行は、インフレ目標政策の導入をみとめているが、実際には、消費者物価にかぎらず、さまざまな経済指標を考慮して、柔軟な政策判断をおこなっている。これが、フレキシブル・インフレ目標政策といわれるものである。

したがって、アメリカ、ユーロ圏（ユーロ導入国）、スイス、そしてついこの間までの日本などは、狭義のインフレ目標政策を導入していることはみとめずに、ターゲットという言葉はつかっていないのである。フレキシブル・インフレ目標政策が世界の金融政策の主流だからである。

ジェフリー・フランケル教授のいうように、欧米の資産バブル期に、資産価格が上昇していたにもかかわらず、中央銀行は、消費者物価目標の達成だけをめざして、金融引き締めをおこなうことはなかった。日本のバブル期もおなじである。

だから、狭義のインフレ目標は、二〇〇八年九月に、歴史の舞台から引きずりおろされたということになるのであろう。

したがって、現在、インフレ目標といわれるばあい、正確には物価目標ではなく、実物・資産インフレおよび経済・金融目標を意味すると考えられる。

LLR

中央銀行の使命は、物価の安定（あるいは通貨価値の擁護）であるが、同時に金融システムの安定というきわめて重要な業務をおこなっている。そのひとつが、中央銀行の最後の貸し手機能（LLR：Lender of Last Resort）とよばれるものである。

LLRは、一九世紀に「ロンドン・エコノミスト」誌の初代編集長であったウォルター・バジョットが『ロンバード街』（ウォルター・バジョット著、久保恵美子訳、日経BP社、二〇一一年）で提起したものである。バジョットはつぎのようにいう。

恐慌とは、「大多数の人々、あるいはきわめて多数の人々が、債権者に対する支払いができなくなる」ことである。したがって、恐慌は、すべての債務者が負債を返済できるようにしなければ解決されないが、それには膨大な資金が必要である。十分な資金をもっている主体は、銀行支払い準備の保有者以外には存在しない。

したがって、イングランド銀行は、恐慌を食い止めるために、「大衆に対して、自行の準備から自由に、また積極的に貸し付ける」という義務をはたさなければならない。

その目的のためにふたつの原則がある。

ひとつは、貸付は非常に高い金利でのみ実施すべきである。というのは、高金利の貸付は、過度に憶病になっているひとびとには重い罰金として作用するので、貸付を必要としないひとびとからの融資の申し込みの殺到をふせがなければならないからである。

もうひとつは、この高金利の貸付は、あらゆる優良な担保にもとづき、また大衆の希望にすべておうじられる規模で実施すべきである。

というのは、貸付の目的は不安の抑制であるので、不安を生じさせるようなことはすべきではないからである。しかし、優良な担保を提供できるひとへの貸付を拒否すれば、不安が発生する。不安が蔓延する時期には、この拒否の知らせは金融市場全体にあっという間に広まってしまうのである。

このように、バジョットは、中央銀行が恐慌の回避のために、高金利で優良担保をとって無制限に資金の供給をすべきであると主張したのである。これが中央銀行の「最後の貸し手機能」である。

ＭＭＬＲ

欧州債務危機を契機に中央銀行のＬＬＲ機能の役割が拡張され、ＭＭＬＲ（Market Maker of Last Resort：最後のマーケット・メーカー）とよばれる機能がいちじるしく重視されるようになってきた。

中央銀行の「最後の貸し手機能（ＬＬＲ）」というのは、銀行を対象にするものであるが、欧州債務危機などを契機に「最後のマーケット・メーカー機能（ＭＭＬＲ）」が付け加わるようになったという議論が注目されている。

ＭＭＬＲ概念は、Willem Buiter and Anne Sibert Buiter, "Subprime Crisis: what Central Banker Should Do and why The Central Bank as the Market Maker of Last Resort," 13 August 2007. という論文で最初に提起されたといわれている（翁、二〇一三年）。

ウィレム・ブイターとアン・シルバート・ブイターによるこの論文は、二〇〇七年八月に発生したパリバ・ショックの直後に発表されたが、ヨーロッパの債務危機にさいして、中央銀行が前面に出ていかなければならないということを提起したものであるといえよう。

この論文によれば、中央銀行のＭＭＬＲ機能があらたに付け加わるようになったのは、つぎのような理由によるものである。

第一に、銀行が主要な信用供与の担い手であった時代には、中央銀行による金融システム安定の機能は、最後の貸し手機能（ＬＬＲ――金融危機時に優良担保をとって、懲罰的な金利で無制限に貸出をおこなうというバジョット・ルール）に集約することができた。

というのは、ＬＬＲ機能をはたす相手は商業銀行だけだったからである。

クレジット・クランチや流動性の危機におちいると銀行は借り入れができなくなる。こうした状況では有効な手段となり、銀行をターゲットにしたＬＬＲによる金融システムの安定化に効果的にはたらく。

第二に、ところが今日では、証券化などの手法で金融市場をつうじて事実上の「信用供与」がおこなわれているので、クレジット・クランチや流動性の危機は、金融市場の不安定化としてあらわれる。

フランク・ナイトのいう「真の不確実性（予測のできないリスク）」が広まると、サブプライム・ローンを裏付けにしたＣＤＯ（債務担保証券）などの一定の金融商品の取引が停止する。

それは、これらの金融商品の売買価格についての知識と信用力を有するマーケット・メーカーが存在しなかったからである。この問題を解決するためには、中央銀行が「最後のマーケット・メーカー」となればいいのである。

第三に、ＭＭＬＲ機能は、ひとつは、広範な民間部門の証券を売買すること、もうひとつは、これらの証券をレポ取引（買い戻し・売り戻し条件付き証券売買）や中央銀行貸出の担保として受け入れるということである。

このような理由でＭＭＬＲが中央銀行のあらたな機能として付け加わったというのであるが、問題点は、中央銀行が金融市場の安定性を確保するために、リスク資産を大量に買い取るところにある。すなわち、ＬＬＲであれば、懲罰的金利で無制限に貸出（現代では懲罰的金利はとらない）をおこなうにあたって、優良担保をとるので、中央銀行に巨額の損失が発生する可能性はあまりないが、ＭＭＬＲは、中央銀行がリスク資産を大量に買い取ることになるので、市場が崩落などをきたすと中央銀行が膨大な損失をかかえてしまう。

その結果、発行した通貨の信認がうしなわれてしまう。その帰結はインフレの高進である。

第六章　日銀と米ＦＲＢの出口戦略

日本銀行は、二〇一三年四月に開催した金融政策決定会合において、長期にわたるデフレから脱却するための抜本的な金融政策としての量的・質的金融緩和（異次元緩和）を決定し、遂行し、二〇一四年一〇月には、追加異次元緩和をおこなった。

この異次元緩和で、為替相場は、それまでの一ドル＝八〇円程度の円高から、一ドル＝一〇〇～一二〇円程度の円安に転換した。おかげで、日経平均株価は、それまでの八〇〇〇円程度から二万円にせまるまで高騰した。

株価の高騰によって多額のキャピタル・ゲインを獲得した投資家の資金は、高額商品の消費にむけられた。おかげで、長きにわたり低迷をつづけていた百貨店の売り上げ高がプラスに転じた。円安によって、輸入物価が上昇したので、消費者物価上昇率がわずかではあるがプラスに転じた。

こうして、輸出大企業を中心に、為替差益と保有株式のキャピタル・ゲインによって、のきなみ増益を記録した。

安倍政権にとって、円安・株高による景気の回復ではなく、あくまでもアベノミクス（安倍政権の経済政策）の成功でなければならないので、前代未聞のことであるが、賃金の引き上げを経済界に要請した。

おかげで、二〇一四年の春闘では、輸出大企業を中心にある程度の賃上げがおこなわれた。だが、四月に消費税率が五％から八％に引き上げられたこともあって、消費者物価上昇率は三・二％にもたっしたものの、賃上げは、それにとうてい追い付かず、実質賃金はマイナスである。

日銀が本格的にデフレ脱却を実現し、安倍政権が「強い経済」を構築できるかどうかは、予断をゆるさない状況にある。

安倍政権が抜本的な成長戦略を構築・実行していかなければ、消費の低迷と実質賃金のマイナスにより景気の低迷がつづくので、日銀は、二〇一四年一〇月に追加金融緩和をせまられたのである。

アメリカの中央銀行である連邦準備制度理事会（FRB）は、量的緩和の第三弾（QE3）を二〇一四年一〇月に終息させた。いずれ、ゼロ金利を解消し、利上げに転換する。FRBは、危機時の非伝統的金融政策の終了、すなわち本格的な出口戦略を模索している。

かたや日銀は、二〇一五年度まで異次元緩和（量的・質的緩和）をつづけるというが、その後の出口戦略をまったく提示していない。

二％の物価安定目標を達成できないとなれば、金融政策の逐次投入をせまられることは、火をみるよりもあきらかである。大量の新発・既発国債、指数連動投資信託（ETF）や不動産投資信託であるJ-リートなどの購入がそれである。

このようにして、価格変動商品を大量に購入することで、日銀は、すさまじいリスクをかかえている。ここで、深刻な問題は、一九九八年の「日銀法」改正で政府による日銀の損失補填規定が削除されてしまったことである。

日銀が膨大な損失をかかえると、通貨の信認がうしなわれ、二％などのなまやさしいものではなく、インフレが高進し、日本経済が深刻な打撃をうけてしまう。

1　日銀の損失補塡規定の削除

(1) 日銀の量的・質的緩和政策

円安への転換

日本銀行は、二〇一三年一月の金融政策決定会合において、それまでかたくなにこばんできたインフレ・ターゲット（インフレ目標：物価安定目標とよばれる）の導入をきめた。これは、物価目標の達成にむけて、中央銀行と政府が一致協力するというものである。

そもそも、米ＦＲＢや欧州中央銀行（ＥＣＢ）などは、インフレ・ターゲットを採用していないのに、それがあたかも「国際基準」であるかのごとく、あっさりと導入が決定された。

前年の一二月の総選挙で圧勝した安倍政権は、大胆な金融緩和によって超円高とデフレを克服するとの選挙公約をかかげたので、その路線にそうような日銀総裁を選任した。それまで日銀は、インフレ・ターゲットの導入をがんとして拒否してきた。

黒田新日銀総裁のもとで二〇一三年四月に開催された決定会合では、二年間で二％の消費者物価上昇率を実現するために、一〇〇兆円あまりという途方もない国債を新規に購入することがきめられた。これが異次元緩和（量的・質的緩和）といわれるものである。

じつは、安倍氏が、首相就任前に日銀に大胆な金融緩和をおこなわせると宣言したときには、すでに、急速に円安がすすんでいた。それは、日本経済のファンダメンタルズからすれば、円高是正の条件はとのっていたからである。

数年前から貿易赤字基調となっていた。それは、ひとつは、円高回避のための輸出大企業の積極的な海外進出、もうひとつは、電機や自動車など輸出基幹産業での国際競争力の相対的な低下、などによるものである。

したがって、首相就任が確実な人物が、日銀に大胆な金融緩和をおこなわせるといえば、円高から円安に転換するのは、経済合理性からすれば、きわめてとうぜんのことであった。投機筋がいっせいに円売りにはしったからである。

円安に転換すれば、輸出大企業の収益向上が連想されて株価が上昇するし、その結果、高額商品が売れる。輸出大企業は、円安でも海外での販売価格を引き下げなかったので、膨大な為替差益を獲得することができた。

輸入物価が上昇して、とりあえず、長かったデフレからようやく抜け出すことができた。

リフレ派の主張

適度のインフレを作り上げて景気の高揚をめざせというリフレ派は、日銀の大胆な金融緩和によって期待インフレ率が高まり、円安で実際に輸入物価が上昇すれば、いよいよ本格的な景気の高揚にむかうという期待が高まると主張した。

そのロジックは、期待インフレ率が高まることで、企業の設備投資が活発化し、個人消費も増えると、景気が高揚して、賃金が上昇し、適度のインフレのもとで経済が成長するというものである。

ところが、円安と消費税率の引き上げによって、消費者物価が上昇しているものの、賃金などの雇用者報酬はさほど増加せず、実質賃金はマイナスのままであった。これでは、消費増税もあって、個人消費が伸びるはずもない。

ところで、輸出企業には、輸出品で支払った消費税がもどされる。輸出品には消費税がかからないからである。消費税率の引き上げで、さらに数兆円が輸出大企業に払い戻されて、収益に計上されている。下請けなどが支払った消費税なのに、である。

二〇一四年までは、円安のおかげである程度の消費者物価上昇率をしめしたが、そろそろ、円安の効果はなくなる。上昇率は対前年比だからである。そうなれば、輸出大企業が前年なみの賃上げをおこなうとは考えづらい。

したがって、景気の低迷に対処しようとすれば、日銀は、さらなる金融緩和をおこなわなければならない。いままで以上に大規模に国債やＥＴＦやＪ-リートなどを購入せざるをえなくなってしまう。ＦＲＢのような出口戦略などとんでもないことである。

アメリカといえば、二〇一三年初頭から順調に量的緩和の第三弾（ＱＥ３）を縮小し、一四年一〇月に終了し、いよいよ事実上のゼロ金利を解除して、利上げに踏み切る。

そうすれば、ますます円安がすすむなかで、日銀がもくろんでいるように、消費税率引き上げによる要因をのぞいて、消費者物価上昇率が二％にせまっていけば、長期金利に上昇圧力がかかっていくことになる。

というのは、国債利回り（長期金利）を低いままにおさえていると、高金利の金融商品に資金がシフトするからである。国債が売り浴びせられて、国債価格が下落し、長期金利が上昇することもありうる。

そうなれば、国債発行残高八〇〇兆円超のうち、すでに二〇〇兆円をはるかに超える国債を保有している日銀には、国債価格の下落で膨大な損失が発生する。ということは、日銀の発行する日銀券の信認が低下するということ、すなわち、インフレが高進していくということになる。

じつは、そうならないように、一九九八年の「日銀法」改正までは、政府による日銀の損失補填の条項が存在していた。

(2) 日銀の損失補填規定

損失補填規定

一九九八年に全面改正されるまでの旧「日銀法」は、なんと戦時中の一九四二年に制定されたものである。

同法は、ナチス・ドイツが戦争の遂行のために、中央銀行を政府の意のままにするという「ライヒスバンク法」を踏襲するものであったが、日銀が出資者に四％の配当金を支払うことができないばあいには、不足した分を政府が補填すると規定されていた。

戦後の一九四七年には、旧「日銀法」附則で損失補填規定が盛り込まれた。ここで、毎事業年度に発生した損失を準備金などで補填できないばあいには、政府は、その不足額を補給しなければならないとされた。

一九九八年に五〇年ぶりに大改正された新「日銀法」は、日銀の政府からの独立性がある程度は高められたものの、政府による損失補填規定が廃止された。

それは、マーヴィン・キング前イングランド銀行総裁がいうように、「中央銀行には、納税者のお金を使用する権利は与えられていない」(岩田一政・日本経済研究センター編『量的・質的金融緩和』日本経済新聞出版社、二〇一四年、一一頁)からかもしれない。

ところで、中央銀行の政府からの独立性が必要とされるのは、マネーを発行できる唯一の機関だからである。管理通貨制のもとでは、中央銀行がマネーを過剰に発行すれば、マネーの価値が下落するインフレが高進するので、それを阻止するためである。

おびやかされる日銀の独立性

政府が中央銀行を「打ち出の小槌」にできれば、戦争の遂行というのはともかく、景気のテコ入れもなんなくおこなうことができる。低金利でいくらでも国債を発行して、膨大な資金を調達できるからである。

さらに、景気のテコ入れのために、為替介入によって自国通貨安誘導をおこなうことは禁止されているが、中央銀行に大胆な金融緩和をせまって、通貨安政策をおこなわせることは、国際的な批判はあびるが、禁止されてはいない。

安倍政権が選択したのは、後者の方策である。

もちろん、過度の為替安誘導をおこなうと輸入インフレが発生するので、そのような金融緩和をおこなってはいけない。ただ、あえてデフレからインフレにしようというのであるから、たいして問題はないかもしれない。

安倍氏は首相就任前に、政府のいうことをきかない日銀総裁のクビをきれるように法改正をおこなうとおどしをかけた。さすがに、政権奪取後には、そのような発言をひかえているが、日銀にたいするすさまじい政治的圧力となった。

これは、まぎれもなく、日銀の独立性を規定した「日銀法」違反の行為にほかならない。安倍政権の意にそったとみられる人物が日銀総裁・副総裁として日銀に送り込まれると、異次元緩和という常識はずれの金融政策を遂行している。

二％の消費者物価上昇率が実現できそうにないので、二〇一四年一〇月にさらなる追加異次元緩和をせまられた。二年間は金融政策の逐次投入をしないとしてきたにもかかわらず、である。

さらに大規模に国債を購入していくことになれば、いずれ、国債価格の下落で膨大な損失が計上されるだろう。この損失は、損失補填規定が廃止されたので、政府が補填することはない。結局は、日銀の発行するマネーの減価、すなわちインフレが高進することになるかもしれない。

これは、物価の安定を義務付けられた「日銀法」違反であって、日銀がみずから違法行為をおこなうということになる。

2　出口戦略をとる米中央銀行

（1）ＦＲＢのＱＥとゼロ金利政策

大規模資産購入の導入

米中央銀行ＦＲＢは、二〇〇八年九月のリーマン・ショックを契機とする世界金融危機に対処すべく、三次にわたる大規模資産購入（ＬＳＡＰ）を実行してきた。ちなみに、ＬＳＡＰは、一般に量的緩和（ＱＥ）とよばれている。

ＦＲＢは、二〇〇八年一一月に、五〇〇〇億ドルのＭＢＳ（住宅ローン担保証券）の購入をはじめ、一二月には、実質的なゼロ金利政策をしばらくのあいだつづけるとした。翌〇九年三月には長期国債の購入も開始した。これがＱＥ１といわれるものである。

ＱＥ１は、二〇一〇年三月に終了した。ところが、失業率が高止まりしていたこともあって、二〇一〇年一一月に六〇〇〇億ドルの長期国債を二〇一一年六月末まで購入するＱＥ２が開始された。

ただし、ＱＥ１とＱＥ２が成功したかどうかの評価はむずかしい。というのは、二〇〇八年の金融危機以前、マネタリーベースとマネーサプライ（マネーストック）の伸びは連動していたが、危機以降、連動しなくなったからである（Imad A Moosa, *Quantitative Easing as a Hihway to Hyperinflation*, world Scientific Publishing, 2014, p. 264.）。

だから、ＱＥ２が終了すると八月に、異例の低金利を二〇一三年半ばまでつづけると表明したのであろう。九月には、短期国債の償還資金を長期国債の購入にあてて、保有国債の平均残存期間を長期化させるとともに、長期金利を引き下げるオペレーション・ツイストが導入された。

インフレ・ゴールの設定

二〇一二年一月には、二％のインフレ・ゴール（ターゲットではない）を設定した。

ところが、景気の回復が思わしくないこともあって、二〇一二年九月に、終了の時期をさだめずに、ＭＢＳを毎月四〇〇億ドル購入することを発表した。ゼロ金利政策は、それまでの二〇一四年の終盤から二〇一五年半ばまでつづけるとした。

二〇一二年一二月には、オペレーション・ツイストを毎月四五〇億ドルの長期国債の購入に切り替えた。これが、ＭＢＳと長期国債を毎月八五〇億ドル購入する量的緩和の第三弾（ＱＥ３）である。

同年一二月に、失業率が六・五％を上回り、一〜二年先のインフレ率見通しが二・五％を下回るかぎり、ゼロ金利政策をつづけるとした。

三次にわたるQEによって、数字上では失業率が低下し、株価や景気が回復してきたので、いつFRBが出口戦略をとるかが注目されるようになった。

（2）出口戦略の遂行

QE3の終了

バーナンキ前FRB議長は、二〇一三年六月の記者会見で、経済が順調に成長し、雇用が改善すれば、QE3を年内に縮小し、二〇一四年半ばに終了するとのべた。

だが、「量的緩和をはじめるのはかんたんだが、終了するのはむずかしい」という指摘が多いのも事実である（Imad, 2014, p. 273.）。

二〇一三年一二月には、翌年一月から国債とMBSの購入額を八五〇億ドルから七五〇億ドルに縮小することを決定した。ただし、その後の縮小については、毎回のFOMC（連邦公開市場委員会）で決定するとされた。

同年一二月に、失業率が六・五％を下回っても、かなりの期間、ゼロ金利をつづけるとしたが、二〇一四年三月には、失業率の目標そのものを削除した。六・五％をきってもゼロ金利をやめるわけではないということである。

QE3は、毎回のFOMCで一〇〇億ドルずつ削減されてきたので、二〇一四年一〇月に終了した。

金融引き締めへの転換の可能性

ところが、ＦＲＢがＱＥ３を終了した後に、ゼロ金利政策を解除し、非伝統的金融政策から、伝統的金融政策に転換する出口戦略を実行できるかは、予断をゆるさない状況にある。

失業率が低下しているといっても、日本でもそうであるが、その中身は、パートなどの非正規雇用が中心だからである。そうすると、失業率が低下しても、雇用者報酬があまり増えないので、消費主導の経済成長はできない。デフレの克服はさらに困難になる。

ところが、一方で、株式市場はミニ・バブル状況にあった。金融政策で景気を本格的に回復させることはむずかしいが、資産バブルを発生させることは、比較的、かんたんなことだからである。

市場に中銀マネーを大量に供給し、ゼロ金利をつづければ、株式などの金融商品に資金が流入する。ゼロ金利継続の時期を明言すれば、そこまでは安心して低金利資金を株式市場に投入し、キャピタル・ゲインを獲得できる。

アメリカのダウ平均株価が史上最高値をつけてきたのはそのためでもあろう。

ということは、ゼロ金利が解除されると株式市場は、調整局面をむかえる可能性がけっして低くはないということでもある。もしそうなれば、ＱＥ４が導入され、事実上のゼロ金利が復活するということになるかもしれない。

ＱＥ３の終了もあって、中国経済やブラジル経済が失速し、原油価格の騰落で、ロシア経済が深刻な打撃をうけ、世界経済はいよいよ深刻な不況にみまわれるかもしれない。

とはいえ、アメリカの財政赤字は、日本ほどは深刻ではない。政府債務残高の国内総生産（ＧＤＰ）比は、一〇〇%程度である。上下両院のネジレ現象のおかげで、景気が悪くても財政出動ができなくなっているからでもある。

国防費もふくめて、かなりの財政赤字の削減もおこなわれてきている。だから、株価の調整や景気の低迷にみまわれると、FRBが前面に出ざるをえないのである。QE4がありうるというのは、そのためである。

しかしながら、財政危機が日本ほどは深刻ではないので、FRBが長期国債を際限なく買いつづけるという必要はないかもしれない。

ちなみに、ヨーロッパといえば、とりあえず重債務国で財政赤字の削減がすすみ、ECBも各国の国債を大規模に購入しなかったが、二〇一五年一月についに量的緩和に踏み込んだ。

金融危機下では、中央銀行が金融市場で最後のマーケット・メーカーにならなければならないという見解が台頭してきているが、なかなかうまくいかないようである。

政府債務残高がついに一〇〇〇兆円を超え、GDP比が二三〇%あまりになっている日本は、今後、中央銀行にさらに過重な負担がかかることはあきらかである。

3　深刻な日本の財政赤字

(1) 必要な創造的破壊

必要な四つの矢

安倍政権は、①金融緩和、②財政出動、③成長戦略によって、「強い経済」を構築しようとしている。これがアベノミクスといわれるものである。

しかしながら、ここで決定的に欠如しているのは、成長戦略が有効かつ十全に機能するための不可欠の前提である衰退産業の退出、すなわちシュンペーター流にいえば、創造的破壊である。

ゼロ金利政策のもとでようやく生き残っている不採算部門が退出をせまられることで、採算部門に資金が投入されるようになる。そうすると、資本は、必死になって、ビジネス・チャンスをもとめる。これがほんらいの資本主義というものである。

金融緩和・財政出動のつぎにくるべきものこそが第三の創造的破壊であって、その前提のもとではじめて、第四の④成長戦略がいかんなく効果を発揮する。現在の日本に必要とされているのは、「三本の矢」ではなく、「四本の矢」、厳密には「第三・第四の矢」なのである。

ただし、現代経済において、創造的破壊がおこなわれることはない。それは、あくまでも恐慌の機能だからであるが、じつは、一九二九年世界恐慌以降、恐慌が発生しなくなり、衰退産業が長く温存されてきたのはそのためである。

アメリカのように証券市場が発展し、M&A（企業合併・買収）が積極的におこなわれれば、衰退産業の退出は比較的容易におこなわれる。アメリカ経済が比較的不況に強いのはそのためであると考えられる。

創造的破壊

日本もこの分野では、アメリカのシステムを導入したほうがいいかもしれない。

もしも、衰退産業を退出させたとしても、成熟経済のレベルに到達している日本で、抜本的な成長戦略などは存在しない。自動車が爆発的に売れて、電化がすすむ時代のすさまじい経済成長というのは、過去のものなのである。

とすれば、日本で成長戦略を構築・実行して、デフレから脱却することができない以上、財政出動による公共投資と異次元緩和による円安誘導しかとる道はないということになるのである。

日本で、もしも「強い経済」を構築するというのであれば、高度経済成長終了後、高賃金・高福祉による内需拡大型の経済システムを構築すべきであった。ところが、日本でも、逆に経済・賃金格差が拡大してしまった。

一九八〇年代末の資産（不動産）バブルが崩壊すると、政府は財政出動をおこなって、景気浮揚策をとってきた。その結果、財政赤字が膨れ上がって、成長がとまってしまった。デフレにもみまわれるいわゆる「日本化」といわれる事態が発生した。

はずである。

（2）財政赤字の累積

財政赤字の穴埋め

日本では、資産（不動産）バブル崩壊以降、ほとんどの国債が国内において超低金利で消化されてきたので、日銀が前面に出る必要はなかった。もしも、ギリシャなどのように国債の主要な投資家が外国人であれば、八〇〇兆円以上もの国債を発行できなかったはずである。

国債発行残高が半分の四〇〇兆円程度のときに、国債の消化不良が発生して、長期金利が跳ね上がれば、政府は、それ以上の新発国債を発行できなくなったはずである。そうなれば、政府は、財政赤字の削減に真剣に取り組んだことであろう。

このときにこそ、日銀が前面に出て、政府の財政赤字の削減努力をサポートする。これが、現状の欧米諸国における政府と中央銀行の役割分担なのである。

アメリカでもヨーロッパでも財政赤字の削減がある程度、すすんできているのはそのためである。

アメリカのグリーンスパン元ＦＲＢ議長は、「政治的に危険をともなう予算の削減か、医療費の削減、年金の受給年齢の引き上げか、あるいは深刻なインフレーションだけが、財政赤字の穴埋めができる」とのべている（*Wall Street Journal*, 18 June 2010.）。

ドイツでは、単年度の財政赤字が激減し、二〇一五年にはなんと黒字に転換する。

絶望的な日本の財政赤字

ところが、日本政府は、国債発行残高八〇〇兆円・政府債務残高一〇〇〇兆円を超えても、さらに国債発行によって超低金利で資金調達をつづけている。ほんらい、こんなことはありえないはずである。

消費税率の引き上げは、財政赤字削減のためにおこなったはずなのに、あいかわらず多額の公共投資をつづけている。

日銀の異次元緩和で長期金利が〇・五％を下回るというとんでもない水準にまで低下している。欧米とちがって、日本では、財政赤字が極端に膨れ上がってから、中央銀行が前面に出てきたところに深刻な問題がある。

日本の政府債務残高一〇〇〇兆円超のうち、国債発行残高八〇〇兆円あまりを抜本的に減らすというのは、とうてい不可能である。毎年一〇兆円の財政黒字を計上しても、半分にするのに、じつに四〇年の歳月が必要である。

二〇一四年度の税収見通しが五〇兆円強なのに、歳出は九五兆円にもたっした。これを黒字化することは不可能であるし、国債収入と国債利払い費を差し引いたプライマリーバランスを黒字にするのもかなりむずかしい。

消費税率を二〇％に引き上げれば、プライマリーバランスが黒字化し、財政赤字の削減は可能となるかもしれない。だが、日本では、税収が増えると、増えた分を景気対策として、公共投資などにまわす傾向にあり、財政健全化はかなりむずかしい。

欧米諸国のように歳出の大幅な削減をおこなうと、景気は、いちじるしく後退するので、日本政府は実行することができない。

結局は、日銀が大量のマネーの供給によって、円安誘導と国債の金利を低位に維持しなければならないということになる。株価と地価も引き上げようとする。

もしも、国債価格が下落して、長期金利が上昇すれば、日銀と銀行の保有国債には膨大な損失が発生するとともに、政府の国債利払い費が激増し、国家財政が破綻してしまう。

こうして、長期金利を低くおさえるための金融政策が日銀の至上命令となる。これは、非伝統的金融政策などではなく、中央銀行にとっての禁じ手である。

終　章　実体経済の成長と日本のゆくえ

本書では、資本主義の発展について、理論的・実証的に検討してきた。

資本主義では、当初、実体経済が自律的に成長してきたが、一九二九年世界恐慌を契機に、国家・金融セクター・中央銀行が実体経済の成長を促進せざるをえなくなった。

日本はといえば、膨大な財政赤字をかかえるなかで、日銀が前面に出てきているので、インフレが高進する可能性が高いと思われる。

1　実体経済の成長促進策

資本主義経済は、一九二九年世界恐慌を契機に内在的・自立的な実体経済の成長が困難となった。

そこで、国家が実体経済の成長を主導するようになった。とりわけ、国家の経済への介入の究極的な形態である世界戦争によって、ハイテク産業が構築されていくプロダクト・イノベーションが「超絶的」に進展することになった。

ハイテク・イノベーションこそ、第二次大戦と冷戦という世界戦争がなければ、とうてい進展しうるものではなかった。というのは、繊維工業・重化学工業とくらべてＩＴなどのハイテク産業では、イノベーションの次元がまったくことなっているからである。

したがって、第二次大戦後は、冷戦という世界戦争のなかで国家（とくにアメリカで）主導によるプロダクト・イノベーションがいちじるしく進展した。

それを促進したのがＩＭＦ体制であり、この体制のもとで米中央銀行ＦＲＢが米ドルを世界中に供給した。中銀マネーが世界経済の成長を主導したのである。

一九七一年にアメリカが金とドルの交換を停止してＩＭＦ体制が事実上崩壊しても、ドル危機が進行するなかでも、アメリカは米ドルを供給しつづけた。

提供する米ドルの信認を確保するためには、国内的に経済を成長させなければならないので、金融の自由化と規制緩和・撤廃によって、金融セクターに実体経済を成長させる政策が採用された。

一九九一年にソ連邦が崩壊して冷戦が事実上終結すると、実体経済そのものの成長を促進するために、ＩＴ革命というハイテク産業のプロセス・イノベーションを進展させる政策が採用された。

ところが、ハイテク産業は、繊維産業や重化学工業とくらべて実体経済をダイナミックに成長させるにはかなり不十分であった。

そこで、一九九五年にアメリカはドル高政策を採用することで、世界中から資金を吸収し、金融セクターの活性化によって、実体経済の成長を促進する政策に大転換した。すなわち、金融セクターに実体経済の成長を促進する役割を担わせることになったのである。

大量の資金がアメリカの株式市場に流入すれば、必然的に株式バブルが発生する。

しかしながら、資産バブルはかならず崩壊する。だから、実体経済の成長がとまらないように、つぎのバブルが用意される。それが住宅バブルであった。おかげで、実体経済はいちじるしく成長したが、リーマン・ショックで経済が瓦解してしまった。

世界恐慌の勃発をなんとしても阻止するために、政府が膨大な財政出動を、中央銀行が大規模な流動性の供給をおこなった。資産バブルは、住宅ローン会社はもちろん、銀行が膨大な資金を供給し、さまざまな金融商品を組成して世界中に販売するとともに、みずからが保有することで発生したので、バブルが崩壊すると膨大な損失をこうむった。

自由競争資本主義のときの実体経済の恐慌であれば、ほっとけばじきに終息した。しかしながら、一九二九年世界恐慌以降には、管理通貨制に移行したことで、恐慌が勃発しなくなり、景気の後退は、中央銀行の金利の引き下げと政府が財政出動することでおさえることができた。

実体経済の高揚というのはおのずと限度がある。ところが金融セクターの膨張には限度がないので、バブルが崩壊するまで膨れ上がるところに、現代資本主義のきわめて深刻な特徴がある。

だから、資産バブルが崩壊すると世界の金融機関には、五〇〇兆円もの損失が累積したといわれたのである。

この損失を公的資金の投入で穴埋めしなければ、金融恐慌が勃発する。実体経済の成長を金融セクターが主導してきたので、資産バブルが崩壊すると景気はいちじるしく後退する。ここにも膨大な財政資金を投入しなければならない。

こうして日本はもちろん、欧米諸国に膨大な財政赤字が累積した。

2　欧米での財政再建

リーマン・ショックにみまわれたアメリカでは、膨大な財政出動がおこなわれた。イラク侵攻の長期化で財政赤字が膨れ上がるなかで、バブル崩壊による危機対策でさらなる財政出動をおこなった結果、政府債務残高のGDP比は一〇〇%ちかくにまで上昇した。

ときあたかも二〇一〇年におこなわれたアメリカの中間選挙で、上下両院でのネジレ現象が生じた。そうすると大きな政府をきらう野党共和党が連邦債務上限の引き上げに抵抗した。

アメリカでは、第一次大戦時の戦費の膨張を食い止めるために、連邦政府が借り入れのできる上限が設定され、この上限を引き上げるには議会の承認が必要となった。

二〇一一年八月に野党共和党は、債務上限引き上げをみとめるかわりに、引き上げ分の歳出の削減をおこなうことを要求した。与党がこれを受け入れたので、二〇一二年初頭から軍事費などをはじめ歳出の削減が断行された。

二〇一三年一〇月にも上限引き上げで議会はもめたが、二〇一四年二月に先送りされて、引き上げは実現した。ここでは歳出の削減がおこなわれることになった。アメリカでは、イラク侵攻と世界金融危機対策で財政赤字が膨れ上がったが、財政赤字が削減され、かろうじて健全財政にもどる可能性がある。

ヨーロッパでは、南欧諸国などで債務危機が勃発している。EU諸国は、単一通貨ユーロを守るために、景気が後退しても徹底的な緊縮財政をせまられている。さすがに、緊縮一辺倒だと景気がますます後退し、財政赤字がかえって増えてしまうこともあるので、景気の回復のために財政出動もおこなわれるようになってきた。

ただし、北ヨーロッパ諸国では、比較的健全財政がたもたれている。したがって、財政規律条約の締結などによって、健全財政をめざしている。

このように、欧米諸国は財政再建がかろうじて可能であるが、一〇〇〇兆円を超える政府債務残高をかかえる日本は、財政赤字の削減はもちろん、健全財政の実現というのもかなりむずかしい。

3　中央銀行の全面出動

欧米諸国は、膨大な財政赤字をかかえており、なかなか景気のテコ入れができない。しかも、日本のように事実上のデフレ状態におちいっている。ヨーロッパはとくに深刻で、消費者物価上昇率がマイナスになるデフレにおちいってしまった。

世界経済・金融・財政危機の第二段階に突入したのかもしれない。

先行してデフレに突入したのは日本であるが、それは、日本銀行が金利政策などの伝統的金融政策にこだわりすぎて、徹底的な金融緩和をおこなってこなかったからだと批判されてきた。

だが、欧米諸国の実態をみれば、この批判がまったくの的外れであることがあきらかである。

デフレ脱却には、ほんらいは、抜本的かつダイナミックな経済・産業構造の大改革が不可欠である。

にもかかわらず、「デフレはあまねくマネー要因である」というフリードマンの主張が流布されていることこともあって、デフレ克服の責務が全面的に中央銀行に押し付けられている。

もちろん、バーナンキ前FRB議長は、QE2を実行したあたりから、アメリカがデフレにおちいるのをなんとしても阻止しなければならないという信念をもっていたようである。

したがって、QE2でFRBから莫大な資金が新興国などに流出した。これによって、アメリカは、バブルを他国に流出させているとはげしい批判をうけたが、それでもQE2をしばらくつづけた。

前議長がQE3に踏み込んだのも、いったん日本のような消費者物価上昇率がマイナスになる本当のデフレにおちいったら、金融政策がまったくきかなくなるという危機感からであった。当初から伝統的金融政策にこだわらなかったのはそのためである。だが、事実上のデフレにアメリカはおちいっている。

ヨーロッパは、債務危機のおかげで全体として景気が低迷し、設備投資も低迷し、賃金も上がらず、個人消費も冷え込んでいる。原油安や新興国から低価格商品が流入していることもあって消費者物価上昇率はマイナスになっている。

したがって、アメリカもヨーロッパもデフレ克服がおおきな課題になっている。アメリカがQEを終了するにしても、ゼロ金利政策の解除になかなか踏み切れなかったのはそのためである。

ECBは、二〇一五年一月に量的緩和（QE）に踏み込んだ。

しかしながら、中央銀行の金融政策だけでデフレを克服することはむずかしい。中央銀行が自主的に消費者物価を上昇させるとすれば、バーナンキ前FRB議長がいったように、紙幣をヘリコプターからばらまくしか方法がないからである。そんなことはできるはずもない。

中央銀行が社債やコマーシャルペーパーを発行体から直接購入して、企業に直接資金を供給すれば、設備投資が増大するかもしれない。しかし、それでも利子をつけて償還資金を中央銀行に返済しなければならない。

有効な利潤機会がなければ、企業は、せっかく日銀が社債などを購入してくれても、調達資金をてっとりばやく株式などで運用するしかない。

欧米中央銀行が前面に出動するばあい、国債や社債や住宅ローン担保証券（MBS）などリスクの高い証券化商品を大量に購入するという非伝統的金融政策を駆使するということになる。

だから、欧米では、これからも、株式バブルや住宅バブルが発生して、その資産効果で個人消費が拡大するとともに、金融機関の収益が大幅に拡大して、景気が高揚するという可能性が高い。

もしも、デフレを克服するというのであれば、政府の発行する国債を市場で大量に購入する必要がある。多くの国では、中央銀行が政府から直接国債を引き受ける（購入）ことは禁止されている。国債をいったん市場で銀行に購入させて、それをただちに中央銀行が購入するしか方法がないのはそのためである。

アメリカは、これ以上の財政赤字の拡大をきらっており、景気が後退しても財政出動ができないので、FRBが国債を無原則に購入することはないであろう。

ヨーロッパも緊縮財政をすすめているし、各国の国債をECBがどんどん購入するということはないであろう。

4　日本経済のゆくえ

(1) 不可能な日本での財政再建

日米欧で事実上のデフレ状態におちいっているが、その克服のために、中央銀行が前面に登場せざるをえなくなっているなかで、このまま事態が進展すれば、欧米諸国、とくにアメリカでは資産バブル、すなわち資産インフレが、日本では、資産インフレはもちろん、消費者物価上昇という実物インフレが同時に発生する可能性が高い。

というのは、欧米諸国は、緊縮財政努力によって、健全財政に復帰する可能性が低くはないものの、景気が低迷し、デフレが深刻化する可能性が高いからである。

ドイツは、二〇一五年に財政黒字になるが、景気は低迷している。

景気のテコ入れとデフレ克服のために、欧米諸国中央銀行は、長期金利を低位にとどめておくために、さらに国債や住宅ローン担保証券などを購入するであろう。

一〇〇〇兆円（国債発行残高八〇〇兆円）を超える政府債務残高をかかえる日本では、いずれ国債の国内消化が不可能になる。財政赤字が累増して、国債の格付けはさらに引き下げられるので、外国の投資家に購入してもらうこともできなくなる。

実際、二〇一五年一〇月に、消費税率の一〇％への引き上げが見送られると格付けが引き下げられた。

ほんらいであれば、徹底的な歳出削減努力をして歳出を六〇兆円規模に縮小し、累進課税をもとにもどすとともに、消費税率を二〇％に引き上げれば、歳入は八〇兆円くらいになる。ここで財政黒字が二〇兆円くらい出るので、これで国債を償還すればいい。

国債の発行残高は八〇〇兆円超くらいなので、長期金利が一％程度であれば、二〇年で半分になる。

これが緊縮財政による健全財政実現の王道である。

この決断をしないかぎり、日本経済は崩壊する。欧米諸国がそうであるように、緊縮財政は景気の後退政策であるので、日本銀行が前面に登場するのが、現代資本主義における中央銀行の存在意義である。資産バブルが再現されるリスクを覚悟のうえで、景気の落ち込みを中央銀行は阻止してはならない。

もちろん、政府が、極端な緊縮財政などできようはずもない。したがって、日本では、景気の高揚によって、税収を増加させて財政を再建するという非現実的な政策がおこなわれている。

ところが、資産バブルの絶頂期ですら税収はたかだか六〇兆円であった。消費税の導入や消費税率の引き上げのときに、所得税減税などがおこなわれたので、税収は消費税の税収分ほどは増えていない。

このようにみてくると、日本では、緊縮財政努力による健全財政の実現は不可能であることがわかる。もしも、経済成長が停止している現段階で、実物インフレではなく、景気を高揚させるとすれば、資産バブルをおこすことしかない。ただ、それでも、現状の五〇兆円あまりの税収が六〇兆円くらいに増えるだけである。

しかも、長期金利の上昇はなんとしてもさけなければならない。

住宅ローン金利が上昇すると、住宅市場が冷え込むし、金利が上昇すると、企業の資金調達コストも上がる。なによりも、国債の金利が一％上昇しただけで政府の利払い費は数兆円増えるだけでなく、金融機関が保有する国債価格が下落するので、膨大な損失をこうむってしまう。

（2）構築不能な成長戦略

日本は、緊縮財政による財政再建というのは、国民生活にすさまじい負担をかけるので、景気を高揚させて税収増をもたらし、そのことによって財政再建をすすめようとしている。そうすれば、国民の支持をうしなうことがないからである。

ところが、現代資本主義において、成長が停止しているなかで、安倍政権が第三の矢と称する強い経済を構築できるような成長戦略を策定し、実行するということはほぼ不可能といわざるをえない。だからこそ、日本銀行の量的・質的緩和という大胆な金融緩和と財政出動という方法しかのこされていないのである。

大胆な金融緩和というのは、安倍政権が「強い経済」を構築するための第一の矢としたものである。ところが、金融政策というのは、ある程度は景気の調整はできるものの、あくまでも政府が策定する成長戦略の遂行を促進する役割しかはたすことはできない。

二〇一二年一二月に安倍政権が発足すると日銀にすさまじい政治的圧力をくわえ、政権の意をくむ人物を日銀総裁にすえた。異次元の緩和と自称する金融緩和をおこなった結果、急速に円安が進行した。

そうすると輸出が拡大し利益が増えるという連想から、輸出企業を中心に株価が上昇した。株式市場が高揚すると高額商品が売れはじめた。

日銀の金融緩和だけで「強い経済」など構築できるはずもないので、企業が賃金をさほど引き上げないなかで、円安によって輸入物価が上昇するので、個人消費は冷え込んでいる。

結局、景気は低迷したままである。

そこで、第二の矢と称する財政出動が前面に出てくる。旧態依然たる公共投資は批判が多いので、大震災や津波など災害に強い国土を作り上げるための国土強靭化の公共投資をすすめようとしている。

しかし、五〇兆円あまりの歳入で一〇〇兆円もの歳出があるというのは、どうみても異常であり、さらなる公共投資をおこなうことはむずかしい。

ところが、金融政策にも限界があり、抜本的な成長戦略も構築できないので、景気のテコ入れをおこなうには公共投資しかのこされていない。ここに日本経済の深刻なジレンマがある。

すなわち、政府債務残高が一〇〇〇兆円を超えるなかで、さらなる国債の発行によって資金を調達し、公共投資をおこなわなければならないということなのである。

(3) 日本銀行の国債の購入

二〇一三年四月四日というのは、後世の歴史家が日本の悲劇がはじまった日と記述するかもしれない。政府が日銀総裁のクビをきれるなどという時代錯誤の旧「日本銀行法」が一九九七年に大改正されて以降、政府・政治からの独立性を死守してきた日本銀行が、この日に政府の圧力に完全に屈服し、政治の軍門に下ったからである。

景気が本格的に回復しない現在、このまま新規の国債発行をおこなって、公共投資をつづけなければ、日本経済は失速することはあきらかである。ところが、新規の国債発行ができなくなりつつある。

一〇〇〇兆円あまりの膨大な政府債務残高をかかえているということもさることながら、ちかいうちに消化不能におちいる可能性があるからである。

日本国債は、そのほとんどを金融機関などが購入してきた。不動産バブルが崩壊して長期不況にみまわれた日本では、優良な貸付先がなく、金融機関は、もっぱら優良金融商品である日本国債に投資するしかなかったからである。

国債消化が順調なので長期金利も低下し、政府の利払い費もさほど増えなかった。日銀が超低金利政策をつづけたので、金利ほぼゼロの預金をあつめて国債に投資すれば、営業をつづけられる程度の利益を確保することができた。

この国債消化構造が、日本の財政の危機的状況を先延ばししてきた。

欧米のように外国人が国債の半分あまりを保有していれば、政府債務残高五〇〇兆円、すなわち対GDP比一〇〇%くらいで国債発行ができなくなっていたはずである。ところが、GDP比二〇〇%を突破しても国債発行になんら支障はない。

国債を購入する原資である個人金融純資産は、すでに二〇〇兆円をきっている。ということは、年間四〇兆円規模の新規国債が発行されると数年で純資産はなくなるということである。

日銀の量的・質的金融緩和で消費者物価上昇率が二%くらいにならないとしても、長期金利はそれ以下の状況におさえられている。それは、日銀が大量の国債を購入しているからである。

もちろん、個人金融純資産がなくなれば、外国人投資家に購入してもらえばいいが、財政危機下にあり、格付けの低い日本国債を外国の機関投資家は購入できない。

とすれば、日本国内の個人金融資産の構造がかわるだけである。すなわち、預貯金を解約して、国債を購入してもらうということである。そのためには、国債消化を促進すべく国債金利を引き上げなければならない。

経済を成長させるために公共投資をおこなったはずなのに、長期金利が上昇してしまうと逆に景気を後退させてしまうというジレンマが発生する。

財政赤字を減らすためなのに、長期金利が上昇すると国債利払い費が激増し、財政赤字が膨れ上がる。企業の資金調達コストも上昇して、企業収益が減少するし、住宅ローン金利が跳ね上がって住宅建設が冷え込み、景気が後退してしまう。

このジレンマを解消するための唯一の決め手は、日本銀行に国債を購入させることである。すなわち、日本銀行が「最後の（国債市場）マーケット・メーカー」機能（ＭＭＬＲ）をはたすということである。

（4）日本でのインフレの高進

こうした状況のなかで、国債消化を円滑にし、長期金利を低位にとどめ、株式市場と不動産市場のテコ入れのために、安倍政権に屈服した日本銀行は、あらゆる期間の日本国債、株価などの指数連動投資信託（ＥＴＦ）、上場不動産投資信託であるＪ-ＲＥＩＴ（リート）をさらに大規模に購入せざるをえなくなっている。

政府がどれだけ国債を発行しても金利が一％くらいであれば、大規模な国土強靭化のための公共投資をおこなうことができるので、景気は高揚する。これが財政ファインナンスといわれるものである。

日銀は、政府の発行する新規国債のほとんどを購入しているので、新発国債が年間四〇兆円として、三〇～三五兆円以上のマネーが日銀から市場に流出することになる。さらに国債を増発しても政府は低金利で資金を調達できる。

災害に強い国土を作り上げるとか、オリンピックの開催のために、世界に誇れる都市をつくるなどという大義名分のもとに大規模な公共投資がおこなわれれば、国民は反対しないし、むしろ景気がかなり高揚し、政権の支持率が上昇する。

だが、市場にマネーが大量に流出するので実物インフレがすすむとともに、円安が加速する。というのは、この国債発行は、事実上の日銀の国債引き受けにほかならないからである。

日銀による国債の直接引き受けが禁止されている以上、銀行にいったん買わせて、それを日銀が多少高く銀行から買うので、銀行も儲けられる。わざわざ、国のお金を銀行に給付するようなことをおこなっているのである。

株価や地価を引き上げるために、ＥＴＦやリートも買い進むことになるので、株価と地価が高騰して、資産インフレになる可能性も高い。

実物インフレをさらにはげしいものにするのは、円安のさらなる進行である。外国で消費者物価が安定していて、日本だけが実物インフレになると円安がすすむが、日銀による国債、ＥＴＦ、リートなどの大量購入で一層の金融緩和がおこなわれるとさらに円安になる。

日本では、円安がすすむとなぜかよろこばれるが、じつは、経済にかなり深刻な打撃をあたえる。輸入物価が跳ね上がって、実物インフレがさらにはげしくなるとともに、外資は為替で大損するので、日本から投資を引き揚げる行動に出るからである。

さらに、日本での預貯金も実物インフレをきらって外国に流出するので、銀行やゆうちょ銀行が倒産する可能性が高くなる。そうすると、金融機関への大規模な公的資金の投入が必要になり、財政赤字がさらに増えてしまう。

したがって、円安の高進をなんとしてもとめなければならないのである。その方法として、ひとつは、戦前、インフレが高進するときにおこなわれたように、外国との資金取引を禁止することである。ただ、国際金融市場がここまで自由化された現状では不可能である。

もうひとつは、政府が為替介入をおこなって、過度の円安の進行を食い止めることであるが、外貨準備一〇〇兆円規模では焼け石に水である。

こうして、資産インフレと消費者物価が上昇する実物インフレが高進するのであるが、消費者物価上昇率を一〇％程度にとどめておかないと日本経済は崩壊してしまう。

デフレ克服が政府と日銀の悲願であったが、ここで、本来の二％のインフレ目標（物価安定目標）にむけて、政府と日銀がインフレ抑制に毅然とした政策を打てるかが問われている。だが、むずかしいであろう。

日銀が長期金利を二％程度におさえることができて、消費者物価上昇率一〇％が数年つづけば、一〇〇〇兆円の政府債務残高は実質的に半分になる。

健全財政ともいえないが、現代の成長戦略とあらたな分配政策をとることができれば、日本経済はあらたなステージに移行できるかもしれない。

欧米諸国は、かろうじて自主的な緊縮財政政策により健全財政に生まれ変わることができる可能性があるが、残念ながら、日本の財政赤字はそれをゆるさない絶望的な規模である。

結局は、実物「インフレ税」というかたちで、預貯金や国債保有者の犠牲のもとに、政府や企業の債務が激減する道しかのこされていないだろう。

5 成長政策から分配政策へ

資本主義の現段階というのは、おそらく、一九二九年世界恐慌以来はじめて日米欧でデフレにみまわれるというところに到達したということなのかもしれない。したがって、これまでの経済成長の構造を根本的に変革しなければならないと考えられる。

実体経済の自立的・自主的な成長、一九二九年世界恐慌以降の国家主導、金融セクター主導、中央銀行主導による実体経済の成長促進策がすべて破綻したということにほかならないからである。

実体経済の本格的な成長は、重化学工業のプロセス・イノベーションが本格的に進展した一九二〇年代のアメリカで終焉したと考えたほうが合理的かもしれない。

ハイテク産業は実体経済ということができるが、情報化社会というあらたな段階に、資本主義社会を移行させたということもまた事実であろう。

繊維工業や重化学工業のイノベーションは、経済をダイナミックに発展させた。情報化社会に移行するなかで、ハイテク・イノベーションが金融イノベーションを促進した。

ただ、ハイテク産業の経済発展促進機能は、繊維工業や重化学工業とくらべるとかなり低いので、金融イノベーションがそれを補完した。二一世紀初頭大不況が深刻化したのはそのためである。

自由競争資本主義では、生産設備の過剰は、恐慌というかたちで解決された。

管理通貨制に移行してからは、生産の過剰は恐慌では解決されず、不況というかたちであらわれた。国家が需要を創出することで生産・供給の過剰が吸収されたからである。

ところが、金融イノベーションでは、供給の過剰には際限がない。とことん金融セクターが膨張して崩壊する。

そうすると国家と中央銀行が金融危機に対応するために大規模な資金供給をおこなう。その結果、財政危機にみまわれると、緊縮財政により、財政危機を克服しなければならない。

景気が悪くなるので、金融規制を緩和・撤廃して金融機関の収益性を引き上げて景気のテコ入れをおこなうのである。

これからは、資産バブルの形成・崩壊、金融・経済・財政危機、中央銀行の全面出動、緊縮財政、資産バブルの形成という悪循環におちいる可能性が高い。

日本は、インフレの高進による財政赤字の実質的な削減がなされた後に、公共投資、株価と地価の上昇による景気の高揚という道をたどるであろう。

この負の連鎖を断ち切り、健全な経済システムを構築するには、経済・産業構造を根本的に改革しなければならない。

資本主義が成立して以来、人類は、ひたすら経済成長をもとめつづけ、生産性と生産力の引き上げをつづけてきた。物的な豊かさが人間のしあわせの大前提だという確固たる信念があったからであろう。この信念は、発展途上国のひとびとには必要であるが、われわれにとっては、根本的な大転換が不可欠であろう。

生産システムをさらに合理化・効率化していくことはどうしても必要なことであるが、これからは、分配のシステムを大胆に変革していかなければならない。

すなわち、地球環境の原状復帰を大前提に、経済・賃金格差の徹底的な是正、労働条件の向上、福祉の充実、経済・企業倫理の確立、世界平和などをめざしていかなければならない。

その実現によってはじめて二一世紀初頭大不況が終息することだろう。

索　引
（＊は人名）

あ　行

か　行

さ　行

た　行

や　行

ら　行

《著者紹介》

相沢　幸悦（あいざわ　こうえつ）

1950年　秋田県生まれ
1978年　法政大学経済学部卒業
1986年　慶應義塾大学大学院経済学研究科博士後期課程修了
(財)日本証券経済研究所主任研究員，長崎大学・埼玉大学経済学部教授を経て，
現　在　埼玉学園大学経済経営学部教授，川口短期大学ビジネス実務学科客員教授（経済学博士）
主　著　『日本型金融システムを求めて』東洋経済新報社，1999年
『平成大不況』ミネルヴァ書房，2001年
『品位ある資本主義』平凡社新書，2006年
『反市場原理主義の経済学』日本評論社，2006年
『平成金融恐慌史』ミネルヴァ書房，2006年
『品位ある日本資本主義への道』ミネルヴァ書房，2010年
『日本銀行論』NHK ブックス，2013年
『環境と人間のための経済学』ミネルヴァ書房，2013年
『憲法劣化の不経済学』日本経済評論社，2015年
ほか単著，編著，共著多数

シリーズ・現代経済学⑫
長期不況克服への経済学
——実体経済の成長と金融セクターの役割——

2015年４月10日　初版第１刷発行　〈検印省略〉
2018年７月30日　初版第２刷発行

定価はカバーに
表示しています

著　者　相　沢　幸　悦
発行者　杉　田　啓　三
印刷者　大　道　成　則

発行所　株式会社　ミネルヴァ書房
607-8494　京都市山科区日ノ岡堤谷町１
電話代表（075）581-5191
振替口座　01020-0-8076

太洋社・新生製本

ISBN 978-4-623-07355-9
Printed in Japan